工业和信息化普通高等教育
"十三五"规划教材立项项目

SAND TABLE DEDUCTION OF ENTERPRISE MANAGEMENT

企业经营
沙盘推演

徐亚文 著

ECONOMICS

AND

MANAGEMENT

人民邮电出版社
北 京

图书在版编目（CIP）数据

企业经营沙盘推演 / 徐亚文著. -- 北京 ：人民邮电出版社，2019.10
21世纪高等学校经济管理类规划教材. 高校系列
ISBN 978-7-115-51377-9

Ⅰ. ①企… Ⅱ. ①徐… Ⅲ. ①企业管理－计算机管理系统－高等学校－教材 Ⅳ. ①F270.7

中国版本图书馆CIP数据核字(2019)第214542号

内 容 提 要

本书以作者自主开发的"ERP 沙盘辅助教学系统"为基础平台，系统地阐述了如何通过沙盘推演来虚拟仿真企业经营。主要内容包括沙盘推演课程认知、沙盘推演规则介绍、沙盘推演岗位协同、沙盘推演操作技巧、沙盘推演后台管理、沙盘推演案例分享等。

本书可以作为商科类应用型本科、职业院校相关专业开展经营管理跨专业虚拟仿真实验的教学用书，也可作为企业对相关人员进行管理能力提高培训的参考书。

◆ 著　　　　　徐亚文
　　责任编辑　　刘向荣
　　责任印制　　周昇亮

◆ 人民邮电出版社出版发行　　北京市丰台区成寿寺路 11 号
　　邮编　100164　　电子邮件　315@ptpress.com.cn
　　网址　http://www.ptpress.com.cn
　　三河市祥达印刷包装有限公司印刷

◆ 开本：787×1092　1/16
　　印张：13.25　　　　　　　2019 年 10 月第 1 版
　　字数：301 千字　　　　　2025 年 8 月河北第15次印刷

定价：42.00 元

读者服务热线：(010)81055256　印装质量热线：(010)81055316
反盗版热线：(010)81055315

前 言 FOREWORD

当前，大数据、人工智能、移动互联、云计算、物联网、区块链等数字技术已日益融入经济社会发展各领域。党的二十大报告提出，加快发展数字经济，促进数字经济和实体经济深度融合，打造具有国际竞争力的数字产业集群。随着我国数字经济进入发展快车道，各行各业都迫切需要引进具有数字化思维的专业人才，数字化人才的培养成为新文科发展的重要方向。为满足数字化人才培养需要，很多学校的经管类专业在实验教学课程体系中开设"企业经营沙盘推演"课程。笔者在总结多年教学经验的基础上对该课程进行了全新设计，课程实验环境由笔者自主研发的数字化沙盘平台提供，实验内容引入 ERP 概念，融入经济学、管理学基本理论，课程组织采用学生分组模拟推演企业经营活动方式，经营结果通过数字看板形式实时展示。课程旨在训练学生的数字化思维能力、团队协作能力、创新创业能力，培育企业家精神。

本书是笔者多年潜心钻研企业经营沙盘推演的成果。从 2005 年初次接触沙盘推演课程，笔者就被这种体验互动式教学模式所吸引，2008 年开始从事"ERP 沙盘"课程教学，多年的教学和带队参加比赛，一方面，丰富了一线教学经验，另一方面，对沙盘推演有了更深层次的认识。由于市场上的手工沙盘教学道具与电子沙盘在教学过程中都存在教学工作量大，不适合合班、多班同时教学等一系列问题，笔者便萌发了自主开发一套适合教学的"ERP 沙盘辅助教学系统"的想法。为了减轻像笔者这样在一线从事沙盘推演教学教师的繁重教学任务，深化课程教学改革，丰富学生课外生活，笔者从 2012 年 6 月开始着手设计这套系统，到 2013 年 2 月完成第一个版本的开发，并在课程中使用。根据教学需要，2018 年 3 月之前，对软件进行了两次大的升级。2018 年 6 月，正式申请模拟软件著作权。2018 年 9 月，将该系统应用于本校新开的跨专业综合训练课程"企业沙盘推演"教学中。3800 名新入校的学生参与了学习，将企业沙盘推演教学推向了一个全新的高度。笔者设计开发本系统，并将课程的教学方法、系统操作方法整理出版，是为了进一步普及企业经营沙盘推演教学，提高教学质量，希望对高校的实践教学尽一份绵薄之力。

"ERP 沙盘辅助教学系统"融入了笔者多年教学心得体会，业务功能根据实际教学需要开发，解决了采用原有沙盘进行教学时学生操作流程不规范、不易查找操作错误、盘面不易记录等一系列问题。系统基于.NET 开发平台，采用 C/S 架构，后台采用 SQL Server 存放数据，服务器通过 WCF 向管理端和客户端提供服务，管理端和客户端通过 WCF 动态显示数据。教师通过管理端实现规则的制定和进度的控制与查询，学生通过客户端完成沙盘推演。系统客户端盘面布局引入会计元素，经营数据显示直观，现金与权益通过仪表盘展示，小组能在教师控制下进行单步撤销操作，系统自动生成财务明细账，财务报表在盘面上自动呈现。所设计的多班级同时教学、允许撤销、财务机器人、订单生成器、组间交易等功能，充分体现了在实验教学中沙盘推演的真谛。系统操作简单，规则灵活，在教学中可作为手工沙盘辅助教学工具同步使用，也可以作为教学平台独立使用。

本书第一章对课程认知与课程实施方案进行了阐述，第二章对企业沙盘推演的规则进行了解释，第三章针对企业不同岗位如何协同开展工作进行了论述，第四章阐述了如何利用 ERP 沙盘辅助教学系统进行企业沙盘推演，第五章详细介绍了 ERP 沙盘辅助教学系统后台管理技巧，第六章分享了学生的经营战略与体验，附录中给出了沙盘推演纸质辅助表格以及学生要完成的实验报告模板。

本书的文字整理工作由湖北经济学院跨专业教学团队分工协作完成。其中第一章由黄小丽完成，第二章、附录由郝雪娟完成，第三章由安光倩完成，第四章、第五章由徐亚文完成，第六章由姚和平、胡倩完成。

本书是湖北经济学院教学研究项目"面向大一新生跨专业沙盘推演教学设计与实施"阶段成果（项目编号 2018019），在出版过程中得到了湖北经济学院实验教学中心任晓阳、陈新武、吴晓玲的大力支持，还有毛志斌、靳洪、李春艳、黄映龙、刘君等许多朋友的无私帮助，在此一并表示感谢。

本书在写作过程中，比较注重业务逻辑，文字表达方面受时间限制，有些可能还不够清晰，恳请广大读者多提宝贵意见。如需软件，可以与笔者联系，联系方式：xuyawen@hbue.edu.cn。

徐亚文

目录 CONTENTS

4

第一章　沙盘推演课程认知

第一节　概述

"沙盘"，来源于军事学，现已广泛应用于社会经济生活各个领域，尤其是在房地产开发、旅游开发等项目中，非常常见。将沙盘应用于企业经营模拟，模拟企业在不同市场环境下的经营活动，是现代商科教育的一种全新的尝试。

一、什么是企业沙盘推演

企业沙盘推演是指以 ERP 沙盘为虚拟市场仿真环境，将学生按 3～8 人分成多个小组，每个小组通过模拟生产型企业的产购销，通过将真实市场经济环境中的产品、原材料、厂房、生产线、生产工艺等进行抽象化，简化经营规则，通过沙盘道具的摆放与移动，推演企业经营过程，学生在推演过程中分别扮演总经理、财务总监、销售总监、采购总监和生产总监等角色，通过对资金流、物流和信息流的控制，分工协作，完成企业的经营活动，让学生在经营过程中认知企业、领悟知识、训练情商。

企业沙盘推演课程摒弃了传统的"老师讲－学生听"的教学模式，让每个学生参与到课程中，通过实物道具的摆放与移动进行感官刺激，逼真还原商业模拟运作，使枯燥的课程变得生动、有趣。它充分地调动了学生的学习热情和竞争热情，很好地解决了学生对企业的认知问题。

企业沙盘推演课程采用"ERP 沙盘辅助教学系统"平台组织教学，该平台由笔者自主研发，并在历年的教学过程中不断完善。笔者拥有该平台的自主知识产权与软件著作权。系统基于现有手工物理沙盘运作原理，采用计算机虚拟仿真的方式实现物理沙盘运作过程，吸收了其他物理沙盘与电子沙盘的特点，有针对性地解决了沙盘教学中的问题，可完全替代手工物理沙盘及教具。

二、企业沙盘推演发展历程

沙盘这个概念最早在战争中出现，由于作战指挥的需要，指挥官为了更清楚地分析地理环境，确定战争方案，通过制作战场地理模型，并在模型中摆放敌我双方的军事力量布局，来确定作战方案。指挥官无须到达一线战场，通过模型的摆放就可以清楚整个战况。

在市场经济环境下，市场竞争与战争在某些方面具有很强的共性，企业与企业之间的竞争是一种没有硝烟的战争。决策者将沙盘概念引入企业经营管理之中，推演企业经营结果，从而形成企业沙盘推演。

1

1978 年，瑞典皇家工学院的克拉斯·梅兰（Klas Mellan）借用战争中的沙盘思想，最早开发设计出了沙盘模拟课程，课程采用体验培训式教学方法，通过"体验、分享、提升、应用"这四个环节展开，达到培训目的。最初，该课程主要是从学员学习财务知识的角度来设计，课程开展过程中教学效果明显。之后，克拉斯·梅兰将课程逐渐向其他经济领域推广，对沙盘模型进行不断改进，针对企业执行总裁、企业财务总监、市场营销主管等岗位的企业沙盘推演课程被陆续研发出来。

瑞典裔知识管理基础理论的开拓者卡尔·爱立克·斯威比（Karl-Erik Sveiby）博士与大多数学术界人士和顾问不同，他对通过信息以及课堂教学的方式传授知识的有效性产生怀疑，于是他通过开发各种工具来帮助全世界的企业经理和顾问咨询师们学习并在实践中实现知识管理。1986 年，他依托自身在知识管理及企业管理方面的经验，通过多年的研究，开发出了一套沙盘演练系统——探戈（TANGO），企业管理者可通过此系统来学习如何管理和经营知识型企业。这套沙盘演练系统后来被引入哈佛商学院的 MBA 教学中，该系统利用企业经营的实物模型，把企业的原材料采购、上线生产、销售、市场分析、广告、投资、产品研发以及资金周转等业务直观地展现在学员面前，可以使学员直观地了解企业经营的全过程，增强学员的全局观念及战略观。目前全球已有超过 3 万经理人员受过该系统的培训。

经过 30 多年的不断发展和完善，目前，"企业沙盘推演"类的课程已被世界 500 强的企业作为中高层管理者的核心培训课程之一，也被欧美的多数商学院作为 EMBA 的培训课程。同时 Motorola、IBM 等公司也经常开展相关课程培训。培训时，讲师先讲解企业管理的主要专业理论知识，如市场营销、财务管理、人力资源管理、战略管理、信息技术等。然后，再把学员分成多个组，利用实务道具和软件进行企业竞争模拟。这种培训方式引起了学员的浓厚兴趣。

20 世纪 80 年代初期，我国高校在 MBA 教学中开始采用从美国、德国、加拿大、日本等国家引进的模拟教学软件，一些培训公司也进行类似的企业沙盘推演培训。1996 年举办的国际企业管理挑战赛首次设置中国赛区，在这次赛事中，国内有 96 个参赛队伍参与其中，大多数从事 MBA 学位教育的机构都组队参加了比赛。本次挑战赛借用了美国、德国、加拿大、日本等国家的最新企业沙盘推演研究成果，采用模拟软件的方式组织赛事。1995 年，北京大学开始自主研发企业竞争模拟经营沙盘软件，开发出了国内首个企业沙盘推演软件。软件几经改善，目前取得了不错的市场效果。在 2003 年全国 MBA 教育机构沙盘模拟经营赛事中，共有112 个代表队报名参赛，并使用了此软件。

2003 年，用友软件股份有限公司将企业沙盘推演实验引入到教学中，结合企业在 ERP 领域多年的开发与应用经验，向高校推广，并不断推陈出新。该公司最先研发出了手工沙盘，然后又研发出了创业者电子沙盘、商战电子沙盘、约创电子沙盘。同时编写了配套的实验指导书，有力地推动了沙盘课程在高校的普及。从 2005 年开始，该公司每年举办一次全国大学生沙盘模拟大赛，迄今为止，该大赛是国内最有影响力的沙盘赛事。随着大赛的举办，该公司目前已在全国 200 多家企业及高校中进行了相关课程的培训，取得了良好口碑。这种强调在"做中学"的体验式学习方式，能够将学习者掌握的知识、潜能真正发挥出来，是提高学习效率的有效模式。

随后几年，金蝶国际软件集团有限公司、中教畅享（北京）科技有限公司、厦门网中网软件有限公司、杭州百树科技有限公司、成都杰科力科技有限公司、上海踏瑞计算机软件有限公司等多家企业在不同的领域开发了自己的沙盘软件和课程。

三、企业沙盘推演课程实施的意义

企业沙盘推演课程采用的是一种全新的教学模式，在应用型人才培养上，具有独特意义。

（一）充分发挥学生的主观能动性

沙盘推演课程，彻底颠覆了传统教学模式，学生不再被动地听，而是主动参与，是课堂的主人，小组模拟的企业的每一个经营决策由小组自己决定，而教师主要发挥引导、控制、裁判和点评的作用。

（二）直观体现企业框架

沙盘推演的过程，动态的模拟了企业的经营过程。为了让学生能直观地看到企业全貌，沙盘推演将真实企业经营过程中烦琐的细节进行了简化和抽象化，学生可以直观地看到企业资金流、物流、信息流的变化。

（三）锻炼学生多学科知识综合运用能力

沙盘推演课程考察学生的财务计算能力、生产控制能力、竞争对手分析能力以及协作能力，需要用到很多的专业知识。在财务方面，涉及会计恒等式、现金流管理、销售与赢利的关系、预算的重要意义、如何控制融资成本、如何提高资金的使用效率、如何控制成本等专业知识。在企业管理方面，涉及产供销平衡理论、生产排程理论、产能管理、JIT 准时化生产理论等专业知识。在决策支持方面，涉及波士顿矩阵、SWOT 分析模型、波特五力分析模型等专业知识。

（四）对学生的情商是一个极好的训练

情商也称情绪智力，是一种隐性知识，是指一个人在情绪、情感、意志、耐受挫折等方面的品质。该课程呈现的经营环境，是一种竞争环境，每个小组的经营过程都不可能一帆风顺。学生在困难面前，需要团结一心，永不放弃；在错误面前，需要承认错误，并找出弥补方法；在协作方面，要亲力亲为，换位思考。

（五）打破课程壁垒，增加课程间的横向联系

大学的经济类、管理类课程都是独立开设的，如经济学、管理学、市场营销学、会计学、企业战略管理等课程，都是非常重要的专业课程，老师的讲解和学生的练习都围绕各自的课程进行，并没有什么好的方式方法将这些知识综合起来，虽然有课程实习和毕业实习，但很少能达到将各课程知识进行综合运用的效果。企业沙盘推演课程，需要学生完成企业六年的模拟经营活动，学生在模拟经营过程中，需要用到经济学知识、管理学知识、会计知识、营销知识、竞争战略知识等，知识的运用打破了专业和课程的界线。每个知识不再是孤立地存在的，而是相互产生了联系，学生只有对知识进行综合运用，才能经营好一个企业。

（六）提高学生综合能力，培养复合型人才

模拟企业的运作，要求学生能快速适应竞争环境的变化，一方面要求学生能充分运用理论知识，将理论知识转化为实践，另一方面，还要求学生能承受来自企业内部与竞争对手的压力，在规定的时间内完成经营活动。一个小组作为一个经营团队，其团队成员需要与小组内的每个人进行信息沟通，在遇到困难时，积极协商，寻找解决方案，在出现错误时，要一起承担后果，在领先时，要努力扩大战果，这些内容，都是其他课程无法给予的。企业沙盘推演课程的实施对提高学生的社会适应能力与实践能力，有非常大的帮助。

四、手工沙盘教学存在的问题

企业沙盘推演课程从培训机构进入高校，最先进入教学领域的是手工沙盘，它推动了实验实训课程的教学改革，但也暴露了其存在的一些问题。

（一）学生在经营过程中容易违反操作规程

经营过程由运营记录表引导进行，在学生开始操作前，教师会讲解经营规则，指导学生使用运营记录表。由于经营规则的复杂性，教师不能保证每个人对规则理解到位，导致学生容易漏掉运营记录表中规定的某些操作细节。另外，有的学生为降低经营难度，故意不去参与某个环节，如没有按要求提前下原材料采购订单，在上线生产时发现原材料不够而直接采购入库等。这些方面的原因，使学生有意或无意违反了运营记录表规定的操作顺序。

（二）教师不易控制经营过程

一方面，它需要教师投入大量的精力，以保证小组操作的正确性。运营记录表只是一张纸质的表格，小组的填写随意性太强，在经营过程中，多组同时进行经营，为兼顾全局，教师需要在实验室来回走动，反复查看和督促每个小组，及时纠正经营错误，但还是无法做到对每个小组的每一个操作过程进行检查。经营结束后，教师通过财务报表对经营过程进行事后核查，如果发现经营错误，要么需要小组进行弥补性修正，要么需要重来一次。另一方面，由于各小组个体的差异性易导致经营进度不一致。有的小组感觉方案不好，反复推倒重来，有的小组则在经营方案上花过多的时间，迟迟不能走出第一步。经常出现多个小组经营已完成，个别小组才刚刚开始经营，以至于在教学过程中，需要多个小组花几十分钟时间等待个别小组完成经营。

（三）教师难以进行经营诊断

在经营过程中，经营的不规范、表格数据填写的不完整，或者对规则的理解不够透彻，都很容易导致会计报表不平衡。在刚开始经营时，由于各小组的初始盘面都相同，因此教师还比较容易找出错误，但是随着经营年数的增加，各小组的盘面都不相同，这时再去找会计报表不平的原因，虽然在运营记录表中有经营数据，但还是很难在短时间内找出错误，此时，只能通过修改现金余额的方式强行使报表平衡。

（四）教学复盘难度大

在每次下课后，小组要记录盘面，下次上课时，需要根据记录恢复盘面。此时经常出现小

组因下课时记录不清或部分数据丢失而无法恢复盘面的状况。另外，小组在推盘后，如果发现错误，或者感觉方案不好，需要撤销操作时，只能完全依靠运营记录表中的数据和自己的印象还原盘面。有的小组用手机拍照，一旦要恢复盘面，却会发现因照片太多而难以分清哪张照片对应的是哪个步骤。

（五）市场销售订单固定

销售订单内置于 Excel 辅助工具中，并设置了加密口令，教师无法自己制作一套销售订单到工具中。学生学过一次本课程后，基本就知道了订单情况，课后再开展比赛时，容易根据已知的订单进行广告投放。这降低了对抗性，同时也会让学生感觉乏味。

五、电子沙盘教学存在的问题

很多公司开发出了自己的电子沙盘，将企业沙盘推演教学提高到了一个新的高度。但是，在教学使用过程中，问题依然多多，除了电子沙盘显示不直观、不方便学生撤销与试错等问题外，还存在以下深层次问题。

（一）企业沙盘推演课程，高校自身研发力度不够

很多的高校购买了手工沙盘教学系统，有的高校还购买了多个类似的沙盘系统。在整个沙盘课程建设中，很多高校只注重硬件的投入，只知道花钱找企业购买沙盘教具，不知道结合本校特点去研发教学沙盘，不注重沙盘课程质量的提高。还有很多高校因为沙盘系统昂贵的价格而止步不前。

（二）系统设计无法满足教学需要

比赛环境与教学环境不同，需求也不相同。例如，在教学中，学生可以犯错，教师也会提供修正错误的途径，并能及时调整竞争环境，保证每个小组都能完成经营。而在比赛环境中，学生一旦犯错，必须承担后果，且竞争环境一旦确定，不能修改，如果中途企业破产，学生只能退出比赛。企业为了提高沙盘系统的知名度，一味地通过举办比赛来扩大影响，而不注重真正的教学需求。

（三）各公司的沙盘规则没有统一的规范

各公司都以自己的理解来制定沙盘模拟经营过程，经营环节与规则不统一，就算是同一个公司的产品，手工沙盘与电子沙盘的规则也不一致。有的沙盘系统规则呆板，没有扩展性，有的沙盘系统规则过于复杂，学生需要花大量时间去领会，课程开展难度大。

六、ERP 沙盘辅助教学系统介绍

笔者是一名高校教师，所在学校于 2005 年购买了用友手工沙盘及教具，并于 2008 年在部分专业开设了企业沙盘推演课程。笔者每年坚持带队参加全国性的 ERP 沙盘比赛，在教学和比赛过程中，对沙盘教学的好处体会很深入，既了解手工沙盘，同时还研究电子沙盘，自己也有一些心得和想法，一直想自己动手开发一套电子沙盘来弥补现有沙盘教学中的不足。自

2011 年起，笔者开始设计 ERP 沙盘辅助教学系统，利用假期时间完成了系统设计和程序代码编写，并将其应用于教学中。2018 年，企业沙盘推演课程成了我校跨专业综合实验课，全校新生参与课程学习，ERP 沙盘辅助教学系统在教学中也得到了检验。为方便其他高校教师教学，特将教学内容与软件的使用方法整理出来，抛砖引玉。

ERP 沙盘辅助教学系统使用 C#语言开发，系统采用客户机/服务器（C/S）分布式架构，数据库与客户机物理隔离，系统模块采用三层结构，充分利用 WPF 数字可视化、WCF 网络服务、独立线程技术。系统设计完全基于教学需要，吸收了其他电子沙盘记录数据准确与手工沙盘显示直观的特点，充分考虑了多班级教学、学生试错、软件稳定性、教学组织、教学点评等因素。ERP 沙盘辅助教学系统的操作由管理端和客户端两部分共同完成。

（1）管理端。提供给教师操作，教师可通过管理端对课堂进行集中管理。主要完成企业沙盘推演规则制定、业务处理、数据查询与发布、虚拟企业经营进度控制、教师点评数据支持以及数据安全管理等工作。

（2）客户端。提供给各虚拟企业（由学生成立的虚拟企业）完成企业经营操作，可与手工沙盘操作同步，实现广告业务、选单业务、采购业务、生产业务、销售业务以及财务处理等业务处理。

ERP 沙盘辅助教学系统的主要特点如下。

（1）支持多课堂同时开课。多个教师可在同一时间登录系统，各自使用各自的管理端，相互不干扰，完全独立；同时支持 100 个小组操作，可实现 500 人同时教学，方便合班开课。

（2）电子盘面直观显示。吸收了手工沙盘的优点，采用卡片、色块、仪表盘呈现企业经营状态，采用会计恒等式布局，将企业经营过程在电子盘面上动态呈现，主窗口界面可根据显示屏幕大小适应整体缩放，且系统通过矢量图技术保证大屏幕显示依然清晰。

（3）将财务机器人内置到系统中。在经营过程中自动生成会计凭证、明细账、总账、报表，学生只需要读懂数据，看懂报表，依据报表做决策就可以，不需要去关心"借"有什么含义，"贷"有什么含义，如何填写会计凭证。

（4）允许学生试错。操作步骤可按季度随意撤销，方便学生修正低级错误，教师在管理端可控制撤销权限，同时也有权限撤销。

（5）自带订单生成器。订单生成器功能可实现销售订单快速自动生成，教师通过订单生成器，可随意调整市场宽松度，自主定义经营规则，自主设计教学场景。

（6）教师可充当政府角色对市场进行调控。教师可根据教学需要给企业补发销售订单、回购销售订单，模拟政府统购统销，可给经营不善的企业提供低利率银行贷款，也可直接给企业注入资金，防止企业破产，影响课程进度。

（7）可进行组间交易。包括原材料交易、产成品交易、现金拆借、订单转让，如此可获得企业联营"1+1>2"的效应。

（8）个性化功能有利于教学开展。查询显示字号可调，方便大屏幕显示；可设置倒计时提醒，控制经营进度；订货会中多市场多产品同时选单，选单时间随时可调整，小组可提前一键退出所有队列，提高选单效率；经营数据适时自动上传 FTP，方便学生课后完成实验报告；自动刷新小组操作进度与广告投放情况，教师无须反复单击刷新按钮。

（9）系统兼容性强。完美兼容用友、金蝶公司的手工沙盘经营规则，可与手工沙盘同步操作，方便学生自我纠错，将教师从繁重的查错工作中解脱出来，解放教师。自定义功能可完全模拟创业者、商战、百树等电子沙盘。

（10）系统架构先进。三层结构设计，支持互联网运行，多服务器扩展，数据交互时采用封包技术，传输速度快。

第二节　课程实施

"企业经营沙盘推演"课程对市场环境进行了抽象化处理，特别适合没有专业背景的学生学习，可使学生对企业有初步认知，将其定位于商科院校一年级学生跨专业综合实验课程比较合理。

一、教学目标

"企业经营沙盘推演"课程通过体验的方式让学生接触企业经营的全过程，解决学生对企业认知不足的问题。教师将学生分成若干小组，并进行岗位分工，每个小组通过企业经营沙盘，模拟企业六年的经营过程。学生在市场分析、战略制定、资金筹集、生产组织、营销规划和财务核算等一系列经营活动中体会企业运作的全过程，认识企业资源的有限性，理解 ERP的管理思想，领悟科学的管理规律，并了解学习专业知识的必要性。

该课程融角色扮演、案例分析、专家诊断于一体，其特点是在"参与中学习"。学生的学习环境接近企业真实环境，在短短几天的学习中，其会遇到企业经营中经常出现的各种典型问题。每个学生必须和小组其他成员一起寻找市场机会，分析市场规律，制定经营策略，实施全面管理。在各种决策成功与失败的体验中，学习管理知识，掌握管理技巧，提高管理素质。

在学习本课程后，学生将掌握和具备以下知识和技能：

（1）感性认知企业，体验创业的艰辛；

（2）了解企业运作的基本规律，企业的组织架构、管理体系和业务流程；

（3）在经营企业的活动中，感知如何卓有成效的工作；

（4）了解企业信息化的必要性和迫切性；

（5）对经济学中常见的专业名词与经济学原理形成初步概念；

（6）具备一定的抗压能力，认识到团队合作的必要性。

二、课程特点

"企业经营沙盘推演"课程具有以下特点。

（一）直观显示企业运行过程，解决学生对企业的认知问题

通过沙盘，学生可以直观地看到企业的生产情况、库存情况、财务情况、采购与销售情

况，可以从上往下了解一个企业经营流程的全貌。学生自主地进行重复训练，在训练中掌握和领悟所学知识，在失败中不断总结经验和教训，在合作中提高自我价值和自我能力。

（二）以学生为主体，教师辅助

教师和学生的角色都发生了改变，教师是导学者、构建者，而学生是参与者、创造者、协作者、体验者。教师需要设计沙盘规则，结合学生在推演过程中遇到的问题讲解理论知识，引导学生学习，激发学生学习热情，而每个学生都要参与教学过程，通过相互协作，经营企业，创造财富，体验经营过程中的痛苦与喜悦。

（三）需要各专业的教师组团进行教学

课程的教学不再是一个教师独立进行，而是需要一个教学团队完成，这个教学团队应由多个专业的教师组成。同时任课教师的知识要非常丰富，需要懂管理学、经济学、心理学、组织行为学等各方面的知识。

（四）课堂教学模式由满堂灌式教学转变成体验式教学

课程重点不再是课堂讲授，摒弃了传统的"老师讲－学生听"教学模式，而是由教师进行设计、组织、指导、监控、评价、考核，以学生动手为主，需要学生开动脑筋、开口交流、动手计算、协助工作，通过"以用促学，学用结合"去领会知识和巩固知识，是一种全新的体验式教学模式。

三、教学设计

课程以模拟生产制造型企业经营过程为背景，完成企业六年的经营活动，经营过程涵盖战略、采购、生产、销售、财务等环节，整个经营过程主要包括的内容有：公司成员招募、初创注册资金筹集、创业公司注册、组织分工、市场分析、企业战略制定、银行贷款管理（融资）、厂房与生产线基础建设、市场开拓、产品研发、产品质量认证、MRP 运算、参加订货会获取销售订单、原材料采购计划的制订与实施、生产计划的制订与实施、库存管理、销售计划的制订与实施、应收账款管理、会计预算与核算等。这六年里，第一年为企业建设阶段，第二年为企业生存阶段，第三年与第四年是企业扩张阶段，第五年与第六年为企业的收获阶段。最后教师以各小组的经营业绩为成绩对各小组进行综合排名，给每位参与学习的学生发放课程结业证书，并要求各小组在课后完成实验报告。

教学课时建议为 36 课时。为方便教学，课程教学采用项目制进行组织，具体项目如表1-1 所示。正常情况下，一般 4 课时连排，每周一次课，共 9 周时间。也可以在一周时间内集中完成课程学习（每天 8 课时，4 天半完成）。

表 1-1   实验项目

序号	实验内容	课时	经营轮次
实验项目 1	学习企业经营规则	4	第一轮经营
实验项目 2	学习生产排程算法	4	

续表

序号	实验内容	课时	经营轮次
实验项目 3	学习预算编制技巧	4	第一轮经营
实验项目 4	学习市场分析方法	4	
实验项目 5	学习企业经营战略	4	
实验项目 6	团队协作，自主经营	8	第二轮经营
实验项目 7	正式对抗，期末考评	8	第三轮经营
课时合计		36	

（一）经营轮次

第一轮（20 课时）：目标为学习经营方法。在前 5 个项目中完成第一轮经营，每个项目教师讲 2 课时，学生分组操作 2 课时。第一轮经营允许学生撤销，市场环境宽松。在本轮中，学生一般可以完成四年的经营活动，学生在听完全部的项目 1～项目 5 时，会强烈要求重新开始。在这一轮中，教师的主要任务是讲解与辅导，让学生掌握基本方法。

第二轮（8 课时）：目标为尝试经营企业。第一年只有现金，市场环境宽松，学生自主经营，允许学生撤销。如果在第一轮中学生掌握得还可以，教师可以把市场稍微调小一点。最后成绩作为平时分。在这一轮中，教师的主要任务是裁判与点评，并引导学生。

第三轮（8 课时）：目标为正式对抗。初始盘面只有现金，不允许学生撤销，开放组间交易。教师可以根据上一轮情况再调小一点市场。最后成绩作为期末分。在这一轮中，教师的主要任务是进行裁判。

如果总课时不够，达不到 36 课时，教师可以将项目1～项目5 进行合并，将第二轮与第三轮合并，灵活设计。

（二）项目内容

项目 1 的实验内容为学习企业经营规则。教师给全体学生讲解经营规则，教师演示完成第一年经营活动，并投放第二年广告。学生尝试开展第一年经营活动，投放第二年广告，参加订货会，感受企业经营的困难。

项目 2 的实验内容为学习生产排程算法。教师讲解生产排程，演示企业生产排程与计划采购的算法（MRP 运算），主要针对生产岗位与采购岗位进行讲解，解决生产总监与采购总监工作方法问题。学生体验经营（第一年）。

项目 3 的实验内容为学习预算编制技巧。教师演示财务预算编制原理与报表编制原理，主要针对财务岗位进行讲解，解决财务总监工作方法问题。学生体验经营（第二年）。

项目 4 的实验内容为学习市场分析方法。教师讲解如何对销售预测数据进行数据透视分析，主要针对销售岗位进行讲解，解决销售总监工作方法问题。学生体验经营（第三年）。

项目 5 的实验内容为学习企业经营战略。教师讲解企业经营战略思想，主要针对总经理岗位进行讲解，解决总经理工作方法问题。学生体验经营（第四年）。

项目 6 的实验内容为团队协作，自主经营。教师在这个环节，主要做好经营组织与指导工作，学生从头开始，修正体验经营的错误，从第一年开始，完成六年经营活动。经营结果可记入平时成绩。

项目 7 的实验内容为正式对抗，期末考评。教师做好裁判工作，学生正式开始经营对抗，再一次从第一年开始，完成六年经营活动。经营结果可作为期末成绩的重要依据。

（三）规则与订单

针对不同的学习对象或者不同的教学组织方式，规则与订单可以进行不同的设计。如果教学时间紧凑，如用一个周末的时间完成教学，由于教学时间短，学生没有足够的时间思考，为方便学生入门，可以选择使用简易的商战规则与订单，三轮经营的规则可以完全相同，订单也可以完全相同。如果教学时间宽松，如用 9 周的时间完成教学，学生课外有足够的时间消化理解，那么可以对规则与订单进行由易到难的设计。在第一轮经营时，采用手工沙盘的规则与订单；在第二轮经营时，采用简易的商战规则与订单；在第三轮经营时，采用稍微复杂一点的商战规则与订单。课程结束后，在组织校内赛培训与比赛环节时，再使用正式的商战规则与订单。

订单由易到难的设计，教师特别要注意调整市场的松紧度，需求数量越多，价格越高，市场越宽松。第一轮经营时，一定要给学生提供宽松的市场，让学生把主要精力放在企业内部的管理上，外部市场竞争压力不大，产品比较好卖，只要生产出来，基本都可以卖出。在以后的轮次中，可以将市场逐渐调小，让学生不仅要做好内部控制，还要关注其他企业的经营情况与市场订单预测数据的变化。

（四）教学班级人数与小组人数

教学时班级人数在 51 左右为最优，可以分为 17 个小组，如果采用合班教学，可在原有 5 个市场的基础上再增加 5 个市场，合班教学效率基本不受影响。小组人数以 3 人为最优，每位学生都有明确的分工。

传统的手工沙盘标准人员配备为：一个小组一般依据总经理、财务总监、销售总监、生产总监、采购总监设置五个岗位，一个岗位由 1～2 位学生担任，教学时，一个小组基本由 5 到 8 位学生组成。这使得在教学过程中有的学生很忙，有的学生却无所事事，如此看热闹的学生多，矛盾也很多，有的学生可以随意迟到、逃课、旷课，影响教学。使用 ERP 沙盘辅助教学系统后，我们经过多次教学尝试，最终确定每 3 位学生为一组，其中，总经理（兼销售总监）、生产总监（兼采购总监）、财务总监分别由 1 位学生担任。3 位学生必须齐心协力，企业才能正常运作，每个学生都是不可或缺的角色。

四、课前准备

教师在上课前，除了要熟悉教学大纲所要求的内容外，还需要准备以下内容。

（一）教学道具

教学道具包括铅笔、橡皮、经营表格、学生岗位胸牌、老师胸牌、企业标识牌、奖励卡、惩罚卡等。另外，教师还需要提前打印生产排程表、原材料采购表、财务预算表、财务报表，不建议给学生提供设计好的 Excel 计算工具，鼓励学生根据手工表格自己制作工具。

（二）企业经营规则与销售订单预测

教师需要在教学系统中设置好企业经营规则，并根据学生数量，计算小组数，选择匹配的销售订单，将经营规则与销售订单预测导出，为第一次上课时发放经营规则与销售订单预测数据做准备。

（三）课程视频

教师可以准备一段课程导入视频，在第一次上课时播放，营造商业竞争环境。还可以准备课间拉伸操视频，在课间休息时播放，告诉学生在努力工作的同时，也要锻炼身体。

（四）教学场景

如果是大规模多班级同时教学，为营造学习环境，教师可以充分利用易拉宝、橱窗、展板、横幅、大屏幕等，在教室入口、走廊、大厅等位置营造教学场景，让学生在进入教室之前，就融入商业竞争环境之中。

五、教学实施

在教学实施过程中，教师要严格按照实验项目进行课程组织，对如下细节需要进行有效控制。

（一）企业破产

在比赛的时候，如果学生模拟经营的企业破产，可以直接退出比赛。但教学不是比赛，如果学生经营破产，教师不可能让学生离开课堂。首先，教师在第一轮经营过程中，要让学生及时发现经营风险，给学生分析风险形成的原因，让学生利用撤销功能及时规避风险。其次，可临时降低民间贷款利率，甚至降到 0 利率，给经营不善的企业输血，模拟政府救市。再次，可利用组间交易功能，通过组间原材料交易、产成品交易、现金拆借、销售订单转让等方式，解决企业的经营危机。最后，通过破产融资，直接注入资金给破产企业，让其正常经营，但此方法略显不公平。在教学过程中，教师的引导很重要，教师要即时提醒学生经营风险的存在，尽量避免民间贷款，民间贷款只能在万不得已的情况下少量拆借。

（二）时间控制

课堂教学时间非常宝贵，但在经营过程中，学生的经营速度快慢不一。为此，教师可采取相应措施。首先，在订货会选单环节，采用所有市场同时开放、所有产品同时开放的方式同步选单，这可大大提高选单的效率，节约选单时间。另外，在选单过程中，由于订单越来越少，教师可将选单时间逐渐缩短。其次，在大屏幕上显示倒计时，从心理上给学生造成压力，提醒学生及时完成经营活动。最后，教师随时查询经营进度，对经营较慢的小组及时帮扶。

（三）教师点评

正式对抗经营结束后，教师需要对各小组的经营情况进行点评。这个环节是对整个课程的升华。首先，教师在学生经营过程中，注意抓拍学生精彩瞬间，在点评开始时播放。其次，给排名第一的小组进行颁奖，并让获奖代表发言，这可增强仪式感。最后，教师对学生的经营结果可从多个角度进行点评，如专业知识方面、团队协助方面、战略把控方面、个人情商方面等。点评的过程也是教师帮助学生对经营过程进行提炼的过程，可让学生的思想上升到一个新的认识高度，从而对经历的过程有一个全新的认识。

六、课后工作

课程结束后，学生需要将经营过程形成实验报告，教师进行成绩评定，教师还可定期组织课外联赛，对课程进行拓展。

（一）实验报告

在"正式对抗，期末考评"环节，学生要认真填写生产排程表、原材料采购表、财务预算表、财务报表，由教师进行检查，经营结束后，各岗位还要进行经营分析与总结，每个小组将所有内容形成一份实验报告，实验报告模板可参考附录 E。

（二）成绩评定

最终成绩主要以小组为单位进行评定，按最终经营分值进行排名。第一轮经营不计成绩，第二轮经营排名计平时成绩，第三轮经营排名与实验报告成绩计期末成绩，同时教师根据考勤、小组成员课堂表现对平时成绩进行修正。

第二章　沙盘推演规则介绍

第一节　虚拟经营行业背景约定

行业是指从事国民经济中同性质的生产或其他经济社会的经营单位或者个体的组织结构体系，如林业、汽车业、银行业等。行业的发展必然遵循由低级的人工劳务输出，逐步向规模经济、科技密集型、金融密集型、人才密集型、知识经济型转变。

一、虚拟经营行业介绍

企业沙盘推演模拟的是一个抽象化的生产制造行业，该行业里的所有企业都专注生产经营一种系列产品，主要生产的产品类型有 P1、P2、P3、P4，其中 P1 为低端产品，P4 为高端产品，生产过程中需要用到的原材料有 R1、R2、R3、R4。产品目前主要在本地市场销售，以后逐渐会进入区域市场、国内市场、亚洲市场、国际市场。

最近，一家权威机构对该行业的发展前景进行了预测，认为该行业的产品将会由目前相对低端的产品发展为高技术产品。

一批年轻人怀着创业的梦想进入这个行业，组成了自己的创业团队，筹措资金 700M[①]。他们在出发前专程拜访了这个行业内的高人，高人指点如下。

（1）找准产品定位，投资新产品，以保证企业的市场地位逐步提高。

（2）敢于开发本地市场以外的其他新市场。

（3）不断扩大生产规模，采用现代化生产手段，努力提高生产效率。

（4）充分利用信息化手段，努力提高企业管理水平。

二、人员分工

企业需要团队协作经营，根据行业特点，需要设置总经理、财务总监、销售总监、生产总监、采购总监等岗位。

总经理负责发展战略制定、竞争格局分析、经营指标确定、业务策略制定、全面预算管理、人力资源管理、团队协同管理、企业绩效分析、业绩考评管理、管理授权与总结等工作。

财务总监负责日常财务记账、向税务部门报税、提供财务报表、日常现金管理、企业融资策略制定、成本费用控制、资金调度与风险管理、财务制度与规范管理、财务分析与协助决策等工作。

---

① 详见本章中关于货币的约定，M 为资金单位。

销售总监负责市场调查分析、制定市场进入策略、制定品种发展策略、制定广告宣传策略、制定销售计划、争取销售订单、商务谈判、签订销售合同、按时发货、应收账款管理、销售绩效分析等工作。

生产总监负责产品研发管理、管理体系认证、固定资产投资、编制生产计划、平衡生产能力、厂房管理、生产车间管理、产品质量保证、成品库存管理、产品外协管理等工作。

采购总监负责编制采购计划、与供应商谈判、签订采购合同、监控采购过程、到货验收、仓储管理、采购支付抉择、与财务部协调、与生产部协同等工作。

在企业经营过程中，一定要做到心态开放、亲力亲为、团队协作、换位思考。作为企业的管理层，务必思考企业为何存在、因何而兴、为何衰败、如何成功、如何持续。

三、行情预测

权威机构对外公布市场预测数据（见表 2-1），并给出预测结果：P1 产品为低端产品，由于技术水平低，虽然刚开始需求较旺，但未来产品平均价格逐年降低。P2 产品是 P1 产品的技术改进版，虽然前几年因技术优势，价格有一定的提高，但随着新技术的出现，后几年平均价格会下跌。P3 产品的需求人群比较稳定，平均价格也比较稳定。P4 产品为明星产品，采用了全新技术，发展潜力很大，产品平均价格逐年走高（市场预测数据并不是固定的，可通过第五章中介绍的"订单生成器"对市场预测数据进行个性化定义）。市场预测表中的数量指产品的需求数量，价格指产品的平均销售价格，单数指销售订单的张数。

表 2-1　　　　　　　　　　　　　　市场预测表

年份	市场	P1			P2			P3			P4		
		数量（个）	价格（M）	单数（张）	数量（个）	价格（M）	单数（张）	数量（个）	价格（M）	单数（张）	数量（个）	价格（M）	单数（张）
第二年	本地	72	52.49	26	87	68.93	31	71	87.42	25	22	96.77	8
	区域	66	58.20	24	65	70.34	23	73	91.32	26	22	98.73	8
第三年	本地	77	56.92	27	77	68.22	27	64	88.20	23	36	108.72	13
	区域	72	51.24	26	60	78.38	21	67	91.81	24	46	98.65	17
	国内	65	54.65	23	70	71.13	25	59	88.20	21	49	100.67	18
第四年	本地	73	54.33	26	69	71.48	25	64	90.66	23	60	103.15	21
	区域	74	58.68	26	74	74.51	26	73	88.81	26	53	109.47	19
	国内	58	51.07	21	65	71.48	23	65	90.66	23	53	113.68	19
	亚洲	65	49.98	23	73	76.04	26	52	92.52	19	69	103.14	25
第五年	本地	62	56.19	22	82	79.45	29	73	96.34	26	66	119.18	24
	区域	73	54.11	26	70	70.63	25	65	89.06	23	62	112.44	22
	国内	61	47.87	22	79	70.62	28	71	81.80	25	83	103.43	30
	亚洲	60	46.83	21	60	70.63	21	54	98.15	19	63	119.17	23
	国际	76	55.16	27	71	67.68	25	65	89.06	23	66	103.44	24

年份	市场	P1			P2			P3			P4		
		数量（个）	价格（M）	单数（张）	数量（个）	价格（M）	单数（张）	数量（个）	价格（M）	单数（张）	数量（个）	价格（M）	单数（张）
第六年	本地	78	54.27	28	90	70.73	32	82	89.93	29	76	114.54	27
	区域	78	53.23	28	93	73.52	33	73	89.93	26	100	119.13	35
	国内	71	49.06	25	90	62.41	32	83	88.05	30	89	121.42	32
	亚洲	79	50.10	28	71	73.51	25	92	97.42	33	97	112.26	34
	国际	63	51.14	23	87	63.80	31	69	86.17	25	76	103.09	27

四、企业基本工作流程

沙盘中将生产制造型企业的基本工作流程简化为三步，即买材料、生产、销售。将基本工作流程细分，买材料可以分解为下原材料订单，原材料到货后验收入库；生产可以分解为从仓库领用原材料，上线生产，产品入库；销售分解为通过市场获取销售订单，根据订单卖出产品。整个流程周而复始。在整个经营过程中，会涉及资金流、物流、信息流的流动，同时还需要进行融资。基本工作流程如图 2-1 所示。

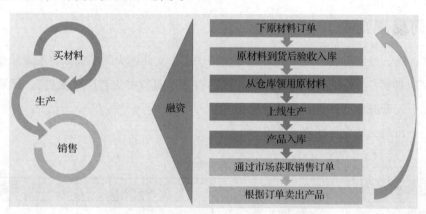

图 2-1　生产制造型企业的基本工作流程示意

五、计量单位约定

沙盘推演对真实企业经营过程进行了高度的抽象化。为了经营记录方便，需要对时间、货币、数量的计量单位进行抽象化约定。

（一）关于时间的约定

自然生活与工作中的时间有年、季、月、日、时、分、秒，在沙盘里面，把自然时间进行了抽象化：一年分四季，季往下就不再细分，季是时间的最小单位。为理解方便，可以将季理解为期间，或者理解为天，一年只有 4 个期间或 4 天。

（二）关于货币的约定

经济社会中，每个国家都有自己的货币计量单位，常见的货币计量单位有人民币、美元、日元、欧元等，在沙盘里面，我们对货币进行了抽象化，计量单位为 M，M 为 million（百万）单词的缩写，1M 为最小货币计量单位，没有小数位。如果货币在计算过程中有小数位，在没有特别说明时，都是采用四舍五入的规则取整。其中，紧急销售采用只舍不入规则，贴息的计算采用只入不舍规则，具体请查阅第四章第六节的"紧急业务"与"应收贴现"。

（三）关于数量的约定

真实工作中，存货的计量单位很多，如千米、千克、升、件、个等。在沙盘里面，对数量的计量单位进行了抽象化，将所有存货数量的计量单位约定为"个"。无论是购买原材料，还是生产领用，到最后的销售，存货的最小数量为 1 个，整个计算过程中不会出现小数位。

第二节　经营规则

企业的经营受多种条件制约，为保证公平竞争，企业经营必须遵循同一规则。经营规则由教师在后台进行定义，具体定义细节请查阅第五章第三节，难易程度由教师把控。本章列举的经营规则比较适合入门级教学，书中其他章节阐述的经营规则，均以本章规则为约定。

一、简易规则表

为方便查阅，教师可将系统中的规则导出为 Excel 文件作为简易规则，下发给学生。简易规则中的"租转买""买转租"概念，请参见第四章第四节中的"厂房变更"，简易规则中的"分值"，用于经营分数的计算。简易规则如下。

（1）关于市场的约定，如表 2-2 所示。

表 2-2　　　　　　　　　　　　市场的约定表

市场名称	每年开拓费用	开拓年数	分值
本地	10M	1 年	7
区域	10M	1 年	7
国内	10M	2 年	8
亚洲	10M	3 年	9
国际	10M	4 年	10

（2）关于原材料采购的约定，如表 2-3 所示。

表 2-3　　　　　　　　　　　　原材料采购的约定表

原材料名称	采购周期	采购单价
R1	1 季	10M
R2	1 季	10M
R3	2 季	10M
R4	2 季	10M

（3）关于产品的约定，如表 2-4 所示。

表 2-4　　　　　　　　　　　　　　　产品的约定表

产品名称	每期开发费用	开发期数	人工费	材料成本	分值
P1	10M	1 季	10M	10M	7
P2	10M	2 季	10M	20M	8
P3	10M	4 季	10M	30M	9
P4	10M	5 季	10M	40M	10

（4）关于产品构成的约定，如表 2-5 所示。

表 2-5　　　　　　　　　　　　　　产品构成的约定表

产品名称	产品构成	材料成本	人工费	直接成本
P1	1R1	10M	10M	20M
P2	1R1+1R2	20M	10M	30M
P3	2R2+1R3	30M	10M	40M
P4	1R2+1R3+2R4	40M	10M	50M

（5）产品认证（简称 ISO 认证），如表 2-6 所示。

表 2-6　　　　　　　　　　　　　ISO 认证表

认证名称	每年认证费用	认证年数	分值
ISO 9000	10M	2 年	8
ISO 14000	15M	2 年	10

（6）关于厂房的约定，如表 2-7 所示。

表 2-7　　　　　　　　　　　　　厂房的约定表

厂房名称	购买价格	租金	出售价格	生产线容量	分值
大厂房	400M	40M	400M	4 条	10
中厂房	300M	30M	300M	3 条	8
小厂房	180M	18M	180M	2 条	6

（7）关于生产线的约定，如表 2-8 所示。

表 2-8　　　　　　　　　　　　　生产线的约定表

生产线名称	每季安装费	安装期数	生产周期	转产费用	转产期数	维护费	残值	折旧年数	折旧费	分值
手工线	35M	0 季	2 季	0M	0 季	5M	5M	4 年	10M	0
半自动线	50M	2 季	2 季	10M	1 季	5M	20M	5 年	20M	0
全自动线	50M	3 季	1 季	10M	1 季	20M	30M	5 年	30M	8
柔性线	50M	4 季	1 季	0M	0 季	20M	40M	5 年	40M	10

（8）重要参数

① 基本参数，如表 2-9 所示。

表 2-9　　　　　　　　　　　　　　　　　基本参数表

参数	值	参数	值	参数	值
股东资本	700M	厂房数量	4 间	管理费	10M
违约金百分比	20%	所得税率	25%		

② 融资参数，如表 2-10 所示。

表 2-10　　　　　　　　　　　　　　　　　融资参数表

参数	值	参数	值	参数	值	参数	值
贷款额倍数	上一年权益的 3 倍	1 期、2 期贴现率	10.00%	3 期、4 期贴现率	12.50%	长期贷款最长年数	5 年
长期贷款利率	10%	短期贷款利率	5%	民间贷款利率	100%		

③ 紧急采购与紧急销售业务参数，如表 2-11 所示。

表 2-11　　　　　　　　　　　紧急采购与紧急销售业务参数表

类型	参数	值	参数	值
紧急销售	原材料折价率	80%	产成品折价率	100%
紧急采购	原料价格倍数	2 倍	产成品价格倍数	3 倍

④ 选单与竞单参数，如表 2-12 所示。

表 2-12　　　　　　　　　　　　　　　　　选单与竞单参数表

参数	值	参数	值	参数	值	参数	值
选单时间	150 秒	首位选单补时	60 秒	市场同开数量	5 个	产品同开数量	5 个
市场老大	有	最小得单广告	5M	选单次数基数	10M		
竞单时间	90 秒	竞单同拍数量	3 张	标书费	5M		

⑤ 原料采购数量与应付账期关系，如表 2-13 所示。

表 2-13　　　　　　　　　　　原料采购数量与应付账期关系

应付账期	条件
现金结算	采购数量<10 个
1 账期应付账款	10 个≤采购数量<20 个
2 账期应付账款	20 个≤采购数量<30 个
3 账期应付账款	30 个≤采购数量<40 个
4 账期应付账款	采购数量≥40 个

⑥ 功能说明。

❖ 违约订单当期收回，违约金在年末扣除。

❖ 厂房在使用之前支付结算费用，租赁厂房到期，如果要进行"租转买"处理，只需要支付购买费用。

❖ 在新增厂房时，可以增加相同类型的厂房。

❖ 长期贷款与短期贷款额度的上限值合并计算。

❖ 启用了"租转买"和"买转租"功能。

❖ 贷款额精确到个位，计算利息时采用四舍五入的方式。

二、采购规则

生产不同产品需要用到不同的原材料。为保证正常生产，在正式生产前，企业需要保证原材料已保存在仓库中。由于原材料在采购时有运输周期，所以企业需要提前下原材料订单，以上线时原材料刚好到货为最优。有关原材料采购的约定如表 2-3 所示。

表中的采购周期可以理解为货物的运输周期，在原材料仓库没有库存的情况下，如果本季生产需要使用原材料 R1，那么企业在上一季就需要下 R1 的原材料订单。以此类推，如果本季生产需要使用 R3 原材料，那么企业必须在上两季下 R3 原材料订单。没有下订单的原材料不能采购入库，企业在下订单时不需要付款，所有订单到货后不存在不合格品，不允许退货，到货后预订的原材料到期时企业必须全额支付货款，支付时间参见表 2-13 中的条件与应付账期。原材料采购数量与应付账期的关系如表 2-13 所示。

当采购数量小于 10 个时，到货时企业立即通过现金支付货款；当采购数量为 10～19 个时，到货后推迟一季付款；当采购数量为 20～29 个时，到货后推迟两季付款；当采购数量为 30～39 个时，到货后推迟三季付款；当采购数量在 40 个及以上时，到货后推迟四季付款。到货数量按原材料类型单独计算。

如果生产的时候发现缺少原材料，企业可以通过紧急采购立即获得原材料。紧急采购时，原材料采购价格为正常采购价格的 2 倍，企业需要立即付款。例如紧急采购 R1 时，企业所需要支付的金额为 20M/个，在计算利润表时，对直接成本仍然按照标准成本计算，将紧急采购时多付出的成本计入综合费用表中的"其他支出"。紧急采购产成品时的采购价格是成本价的 3 倍，其他原理相同。

三、生产规则

企业在生产时需要厂房作为生产场地，在厂房内通过生产线生产产品，生产产品前需要获取生产资格证，生产产品时需要消耗原材料与人工费。

（一）厂房

企业可以购买或租用厂房。厂房类型有大厂房、中厂房、小厂房，具体购买价格或租金如表 2-7 所示。厂房处于保值状态，不参与折旧计算。企业对购买的厂房可以按购买价格进行出售。不同类型的厂房，可以安装的生产线容量不一样。一个企业最多只能获取 4 个厂房，厂房类型可以任意组合，如租用 4 个小厂房，或购买 4 个大厂房，或租用一个大厂房购买 3 个中厂房。厂房一旦获取后，其生产线容量不能由大变小，或由小变大。具体参数如表 2-7 所示。

企业必须先购买或租用厂房，才能在厂房中新建生产线，且必须在厂房中有空位时才能新建。如果厂房中没有生产线，企业可以选择厂房退租或出售，退租时无额外开支，出售厂房则得到 4 个账期的应收账款。

购买的厂房如果有生产线，则企业每季季末在"厂房变更"中都可以进行"买转租"操作，以获取购买价格的 4 账期应收账款。紧急情况下企业可进行厂房贴现（相当于 4 账期应收账款贴现），直接得到现金，同时要扣除租金。

租用或购买厂房可以在任何季度进行。如果企业决定租用厂房或者厂房"买转租"，租金在开始租用的季度交付，即从现金处取等量货币，放在租金费用处。租金有效期为一年（四个季度），到期后企业要再次支付租金。

厂房租入后，满整年时企业可作"租转买"、退租等处理。例如，企业在第一年第一季度租厂房，则以后每一年的第一季度末在"厂房变更"中均有机会进行"租转买"或退租，如果到期没有选择"租转买"，将只能做续租处理。

（二）生产线

生产线类型有手工线、半自动线、全自动线、柔性线。具体参数如表 2-8 所示。

"手工线"是指手工生产线，安装费为 35M，当季安装当季即可上线生产。"半自动线"是指半自动生产线，需要进行 2 季安装，每季安装费为 50M，第三季即可上线生产。"全自动线"是指全自动生产线，需要安装 3 季，每季安装费为 50M，第四季即可上线生产。"柔性线"是指柔性生产线，需要安装 4 季，每季安装费为 50M，第五季即可上线生产。安装完成后，生产线成为企业的固定资产，安装费成为生产线的原值。

手工线与半自动线的生产周期为 2 季，全自动线与柔性线的生产周期为 1 季。手工线与柔性线没有转产周期，可以随意转产，半自动线与全自动线转产时有 1 季的转产周期，并需要一次性支持转产费用，转产期间生产线不能生产，只有空的并且已经建成的生产线方可转产。

所有生产线建成后，只要不卖出，企业每年年末都需要用现金支付维护费，无论生产线是生产状态还是转产状态。

所有的生产线建成后都需要计提折旧费。折旧算法为平均年限法。当年建成的生产线当年不计提折旧，折旧费从建成后的第二年开始计提，直到生产线净值等于残值时，停止计提。折旧计提完后，若生产线仍然可以使用，则不再计提折旧费。折旧费不需要用现金支付，只是降低生产线的净值。根据表 2-7 可以得到生产线折旧明细表，如表 2-14 所示。

表 2-14　　　　　　　　　　　　生产线折旧明细表

生产线	总安装费	残值	折旧年数	建成第一年	建成第二年	建成第三年	建成第四年	建成第五年
手工线	35M	5M	4 年	0	10M	10M	10M	0M
半自动线	100M	20M	5 年	0	20M	20M	20M	20M
全自动线	150M	30M	5 年	0	30M	30M	30M	30M
柔性线	200M	40M	5 年	0	40M	40M	40M	40M

当生产线第一次建设时，企业必须确定生产产品类型，生产产品一经确定，本生产线所生产的产品便不能更换，如需更换，只能在建成之后，通过转产处理。生产时每次只能生产一个产品，当季下线产品时，当季可上线生产。生产线建成后，只要生产线上没有产品，企业随时可以出售生产线，但只能获取残值部分的现金，净值与残值之差计入其他支出。生产线不允许在不同厂房之间移动。

（三）生产资格证

企业要想生产某种产品，先要获得该产品的生产资格证。而要获得生产资格证，则必须经过产品开发。企业开发产品需要分期投入开发费用。有关投入的约定如表 2-4 所示。

产品开发可以中断或终止，但企业不能超前或集中投入。已投资的开发费不能回收。

（四）产品构成

产品上线生产时，一方面会产生生产工人的人工费，另一方面，需要消耗原材料。消耗的原材料成本与人工费构成了产品的直接成本。人工费采用计件制，每生产一个产品，企业需要支付 10M 的人工费，与生产线类型和所生产的产品无关。生产不同的产品，消耗的原材料不同。生产 1 个 P1，需要消耗 1 个 R1，并支付 10M 的人工费，因此，直接成本为 20M。生产 1 个 P2，需要消耗 1 个 R1 与 1 个 R2，并支付 10M 的人工费，因此，直接成本为 30M。以此类推，P3 的直接成本为 40M，P4 的直接成本为 50M。各产品的产品构成如表 2-5 所示。

四、销售规则

销售规则包括市场开拓、ISO 认证、订货会、竞单会、交货等环节的规则。

（一）市场开拓

只有对市场进行资金投入，企业才能获得进入此市场销售的资格，即市场准入证。只有获得了市场准入证，企业才能在该市场投放广告。只有投放了广告，企业才能在订货会上获取销售订单。只有获取了销售订单，企业才能在该市场销售产品。市场开拓费用与年数如表 2-2 所示。

市场每年开拓费用在年末支付，投资可以中断或终止，但不允许超前或集中投入，已投入的资金一直有效。当达到规定的开拓年数时，企业自动获得该市场的销售资格。下一年即可在该市场投放广告，参加订货会。

除，违约金记入"其他支出"，违约后，违约订单一律收回。例如，某小组违约的两张销售订单总价分别为 176M 和 122M，则违约金分别为 35（176×20%）M 和 24（122×20%）M，合计为 59（35+24）M，系统在年末时从现金中扣除 59M 违约金。

2．紧急销售

小组对产成品与原材料可通过紧急方式进行销售，销售产成品，按成本价卖出，销售原材料按 8 折卖出，所得现金只舍不入，参数如表 2-11 所示。

当库存数量小于销售订单上的销售数量时，为避免违约，小组可通过紧急采购产成品来补齐库存，然后卖出。具体采购细节参见采购规则中的阐述。

五、融资规则

企业在经营过程中，可以通过申请长期贷款、短期贷款、民间贷款、应收账款贴现等方式获取资金。具体融资参数如表 2-10 所示。

长期贷款在每年年初申请，最长可申请 5 年，贷款利率为 10%，贷款满一年支付一次利息，利息四舍五入，到期还本。长期贷款利息根据长期贷款的贷款总额乘以利率计算。例如，企业第一年申请 104M 长期贷款，第二年申请 204M 长期贷款，到第 3 年年初，需要支付的长期贷款利息=（104+204）×10%=30.8（M），四舍五入后，实际支付利息 31M。

短期贷款在每季季初申请，贷款利率为 5%，贷款满四季一次性还本付息，利息四舍五入。所有长期贷款与短期贷款余额之和不能超过上一年所有者权益的 3 倍。例如，企业第一年所有者权益为 489M，第一年第三季已借短期贷款 169M，第四季已借短期贷款 269M，没有申请长期贷款，则第二年申请长期贷款时，可贷款额度为：489×3-169-269=1029（M）。

民间贷款随时可以申请，贷款利率为 100%，贷款满四季一次性还本付息，利息四舍五入，没有上限限制。

应收账款贴现随时可以申请，1、2 期贴现率为 10%，3、4 期贴现率为 12.5%，贴息只入不舍，在申请时立即一次性扣除，1、2 期与 3、4 期分别联合贴现。例如，应收账款 1 期贴现 126M，2 期贴现 226M，3 期贴现 324M，4 期贴现 424M，1、2 期贴息=（126+226）×10%=35.2≈36（M），3、4 期贴息=（324+424）×12.5%=93.5≈94（M），贴息总额=36+94=130（M）。

所有贷款必须先还后贷，所有的贷款不允许提前还款。经营结束时，系统不要求企业归还没有到期的各类贷款。

六、其他规则

股东资本 700M 的含义是指小组第一年的初始创业资金为 700M。厂房数量 4 间的含义是指小组最多可以获取 4 间厂房。管理费 10M 的含义是指每个季度末需要固定支付管理人员费用 10M。违约金百分比 20% 的含义是指销售订单违约时按销售订单上产品销售总价的 20%扣除违约金。所得税税率 25% 的含义是指企业盈利后，税前利润弥补前五年亏损后，如果还有盈利，按 25%计提企业所得税。具体参数如表 2-9 所示。

七、经营得分

经营结束后，教师可以按所有者权益的高低进行排名，所有者权益越高，经营得分越高。也可以按经营分数的高低进行排名，经营分数的计算公式为：经营分数=所有者权益×（1+综合发展潜力/100）。综合发展潜力来自规则中的分值，经营分值越高，表示经营成果越好，各分值汇总后如表 2-15 所示。

表 2-15　　　　　　　　　　综合发展潜力明细表

项目	综合发展潜力
全自动线	+8/条
柔性线	+10/条
本地市场开拓	+7
区域市场开拓	+7
国内市场开拓	+8
亚洲市场开拓	+9
国际市场开拓	+10
ISO 9000	+8
ISO 14000	+10
P1 产品开发	+7
P2 产品开发	+8
P3 产品开发	+9
P4 产品开发	+10
大厂房	+10/间
中厂房	+8/间
小厂房	+6/间

其中，在建的生产线不影响经营分数，建成的生产线可使经营分数增加，经营分数的高低与生产线是否生产产品无关。

第三章　沙盘推演岗位协同

第一节　生产排程与原材料采购

学生通过研究生产排程与原材料采购的过程，可学习物料需求计划（Material Requirement Planning，MRP）原理，计算企业每年可完工入库的产品数量与范围，掌握原材料采购计算方法，研究原材料采购浮动数计算方法，体会选单前预算计划与选单后执行计划的差异性。

一、辅助工具

生产排程表和原材料采购表，两者相辅相成，共同制定企业生产计划与对应所需原材料采购计划。通过生产排程表和原材料采购表的使用，学生可了解物料需求计划的概念与应用，研究根据市场需求预测和顾客订单情况制定产品的生产计划的算法；并基于产品生成进度计划、产品的原材料构成和原材料库存情况，学习计算所需物料的需求量和需求时间，从而确定原材料的加工进度和订货日程。

（一）生产排程表

生产排程是在考虑企业生产能力和设备的前提下，在原材料数量一定的情况下，安排各生产任务的生产顺序，并通过优化生产顺序，优化选择生产设备，平衡生产设备与人工生产负荷，最终达到优化产能，提高生产效率的目的。生产排程表如表 3-1 所示，生产排程表中需要用到以下几个概念。

表 3-1　　　　　　　　　　　　　　　生产排程表

	第一年				第二年				第三年				第四年				第五年				第六年			
	1	2	3	4	1	2	3	4	1	2	3	4	1	2	3	4	1	2	3	4	1	2	3	4
P2																								
P3																								
P2																								
P3																								
P1																								
P2																								
P3																								
P4																								

1．安装周期

在生产排程表中，虚线表示生产线的安装状态，虚线向上的线头表示安装开始，虚线向下的线尾表示安装结束，其中虚线经过的季度跨度即为安装周期，生产线当季安装好后，当季就可以使用。示例如图 3-1 所示。

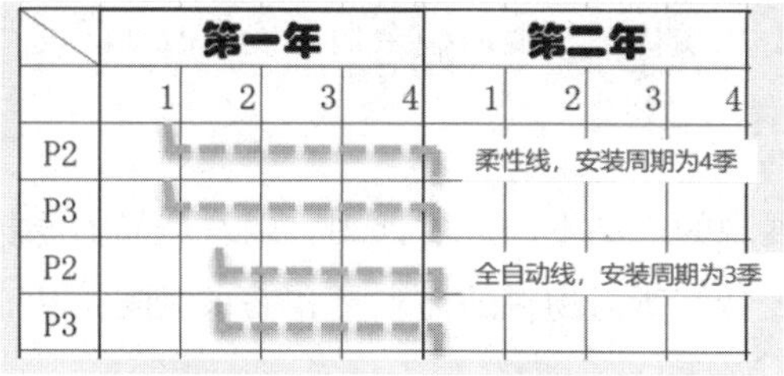

图 3-1　生产线安装周期图示

　　企业在某一个可用的厂房中选择一个空位安装生产线，同时支付第一次安装费用，并明确生产线准备生产的产品。当建设周期为 0 时，没有安装周期，生产线立即可以上线生产。当生产线建设周期大于 1 时，用户可根据企业发展需要继续安装生产线，安装过程不需要连续，每次续建安装需要支付安装费。

　　如果在第四季度建成生产线，好处是下一年可以多生产一个产品，卖出后增加毛利，还可增加分值；不足是当年要支付维护费，下一年要支付折旧费，同时当年提前占用资金（安装费、原材料、人工费），降低了下一年的贷款额度，可能还会增加广告费。建议所有生产线不要在年底建成。

2．生产周期

　　在生产排程表中，实线表示生产线的生产状态，实线经过的季度跨度即为生产周期，示例如图 3-2 所示。

　　在生产制造企业中，生产周期指该产品从原材料投入生产开始，经过加工，到产品完成、验收入库为止的全部时间。当某一条生产线上的产品的生产时间达到此生产线的生产周期时，产品生产完成，产品自动下线并入产成品仓库。

3．上线生产

　　在生产排程表中，实线表示正在生产，实线向上的线头表示上线生产，实线向下的线尾表示下线结束，示例如图 3-3 所示。

图 3-2　生产线的生产周期图示

图 3-3　生产线上线及下线图示

　　生产是虚拟企业的核心业务，会消耗原材料和人工费，但销售后会有盈利。企业前期做的购置厂房、安装生产线，还有研发、买原材料、贷款等一系列运作，都是为生产做准备，通过上线生产和更新生产，达到生产周期后，得到产成品，销售后才能提高企业的所有者权益。选择准备上线生产的空闲生产线和生产线产品类型性质决定了可以上线的产品，上线生产时，系统自动调集原材料和人工费，形成在产品，原材料的种类与数量以及需要的人工费数量由物料清单（Bill of Material，BOM）表决定。此过程会引起物流与资金流的变化，即原材料减少，现金减少，半成品增加，生产线状态与生产剩余周期发生改变。

（二）原材料采购表

基于生产排程表中所展现的产品生产进度计划，以及产品的原材料构成和现有库存情况，企业通过使用原材料登记表计算所需物料的需求量和需求时间，从而确定原材料的加工进度和订货日程。

不同的产品需要不同的原材料，企业采购原材料时有运输周期，需要提前下原材料订单，以保证上线时原材料刚好到货。这里规定原材料的付款方式为货到付款。注意，原材料的采购周期不同，当一个最终产品的生产任务确定以后，在保证配套日期的原则下，采购周期较长的原材料先下订单，采购周期较短的原材料后下订单，这样就可以做到在需要使用原材料的时候，所有原材料都能配套备齐。企业在不需要使用原材料的时候不要过早下订单，从而达到减少库存量和减少占用资金的目的。

这里使用的原材料采购表如表 3-2 所示，演算方法在生产排程算法实操部分具体展开。

表 3-2　　　　　　　　　　　　　原材料采购表

第一年	第一季				第二季				第三季				第四季			
原材料	R1	R2	R3	R4	R1	R2	R3	R4	R1	R2	R3	R4	R1	R2	R3	R4
入库																
领用																
订购数量																
第二年	第一季				第二季				第三季				第四季			
原材料	R1	R2	R3	R4	R1	R2	R3	R4	R1	R2	R3	R4	R1	R2	R3	R4
入库																
领用																
订购数量																
第三年	第一季				第二季				第三季				第四季			
原材料	R1	R2	R3	R4	R1	R2	R3	R4	R1	R2	R3	R4	R1	R2	R3	R4
入库																
领用																
订购数量																
第四年	第一季				第二季				第三季				第四季			
原材料	R1	R2	R3	R4	R1	R2	R3	R4	R1	R2	R3	R4	R1	R2	R3	R4
入库																
领用																
订购数量																
第五年	第一季				第二季				第三季				第四季			
原材料	R1	R2	R3	R4	R1	R2	R3	R4	R1	R2	R3	R4	R1	R2	R3	R4
入库																
领用																
订购数量																
第六年	第一季				第二季				第三季				第四季			
原材料	R1	R2	R3	R4	R1	R2	R3	R4	R1	R2	R3	R4	R1	R2	R3	R4
入库																
领用																
订购数量																

二、生产排程算法

下面我们将预设一个经营方案来进行模拟经营，这个方案并不是最佳经营方案，只是用作演示生产排程算法的原理，以及演算在不实际操作盘面的情况下此方案最终会产生的结果。

（一）预设经营方案

预设的经营方案为：在经营的第一年，研发 P2、P3 产品，租赁一个大厂房，安装 2 条柔性线、2 条全自动线，柔性线与全自动线在 P2 产品与 P3 产品之间进行平均分配，第二年第一季开始上线生产 P2、P3 产品。为了长远发展，企业要开发全部市场、进行 ISO9000 与 ISO14000 认证，投放第二年的广告，以便获得第二年 P2、P3 产品销售订单。第三年计划开始生产 P4 产品。各生产线安装、生产、转产等相关规定如图 3-4 所示。

生产线名称	安装费用	安装期数	生产周期	转产费用	转产期数	维护费	残值	折旧年数	折旧费	分值
手工线	35M	0季	2季	0M	0季	5M	5M	4年	10M	0
半自动线	50M	2季	2季	10M	1季	5M	20M	5年	20M	0
全自动线	50M	3季	1季	10M	1季	20M	30M	5年	30M	8
柔性线	50M	4季	1季	0M	0季	20M	40M	5年	40M	10

新建生产线　　　续建生产线　　　生产线转产　　　变卖生产线

图 3-4　生产线相关规定

（二）预设选单

假设企业在第二年订货会中选到 4 张销售订单，具体订单为：P2 产品，数量 4 个，交货期为 4 季，应收账期为 2 季，销售总价为 288M；P2 产品，数量 3 个，交货期为 4 季，应收账期为 0 季，销售总价为 214M；P3 产品，数量 3 个，交货期为 4 季，应收账期为 1 季，销售总价为 258M；P3 产品，数量 2 个，交货期为 4 季，应收账期为 2 季，销售总价为 193M。为记录方便，可将销售订单按"产品名：数量-交货期-应收账期（销售总价）"进行简写，分别为"P2：4-4-2（288）""P2：3-4-0（214）""P3：3-4-1（258）""P3：2-4-2（193）"。

（三）计算第二年产品下线数

计算产品下线数的目的是计算企业的产能，然后提供给销售岗位用于销售策略的制定。柔性线转产期数为 0，在生产过程中有机动性，可以随意转产，而全自动线既有转产周期，也需要支付转产费用，因此，原则上全自动线不进行转产操作。计算产品下线数时，企业要充分考虑生产线转产与不转产的情况，演算各生产线的产能情况，从而计算各产品的产能区间。

从图 3-5 中可以看出，第二年生产线的总产能为 12 个。当生产线不转产时，P2 和 P3

第二年产能各 6 个；当 1 条 P3 柔性线全线转产生产 P2 时，P2 第二年产能为 9 个，P3 第二年产能为 3 个；同理，当 1 条 P2 柔性线全线转产 P3 时，P2 第二年产能为 3，P3 第二年产能为 9 个。

图 3-5　生产线下线数

综合考虑转产情况，P2 第二年产能区间为[3，9]，P3 第二年产能区间为[9，3]，P2 与 P3 总产量为 12 个。

（四）计算第二年产品上线数

计算产品上线数的目的是倒推原材料订单。在参加订货会进行选单前，企业需要考虑下一年的生产上线情况，在产品上线时必须保证原材料入库到货。由于原材料的采购周期最长为 2 季，所以企业只用提前考虑下一年第一季到第二季的上线情况；由于下一年第三季及以后的上线数，不受限于本年的原材料操作，所以企业可以在选单后根据具体选单情况进行计算。

1．第二年订货会选单前，假设不转产

企业首先通过生产排程表，计算第二年各产品的上线数；然后根据产品上线数，结合产品物料清单，在原材料登记表中分解得到原材料的领用数；根据原材料领用数来反推入库数；最后根据入库数反推原材料下订单数。此时需要考虑库存结余，当入库数>库存结余时，订单数=入库数-库存结余；当入库数≤库存结余时，订单数=0。计算结果如图 3-6 所示。

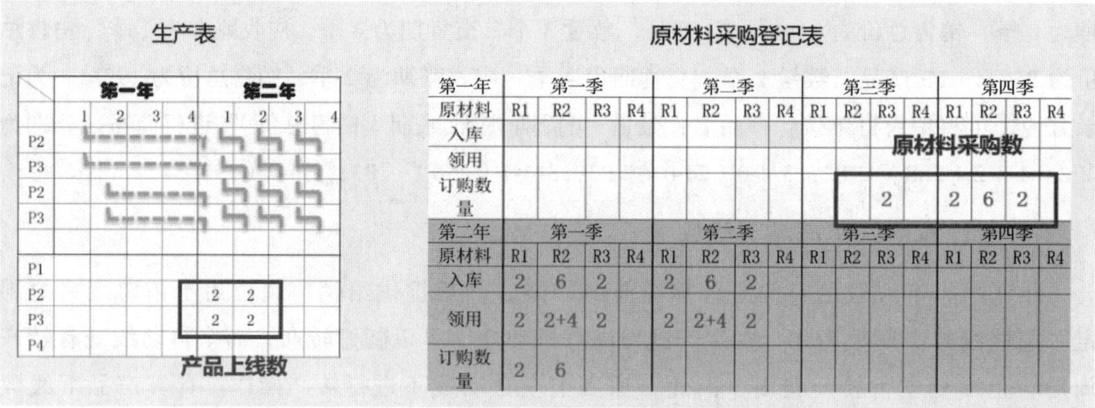

图 3-6　不转产的生产排程计算结果

2．第二年订货会选单前，假设需要转产

企业如果将 1 条生产 P3 产品的柔性线转产生产 P2 产品，结合产品物料清单：P3=2R2+

1R3，P2=1R1+1R2，用 P3 产品的原材料生产 P2 产品，则需要多购买 1 个 R1，即原材料采购数量变为 3 个 R1、6 个 R2、2 个 R3。如果将 1 条生产 P2 产品的柔性线转产生产 P3 产品，结合产品物料清单：P2=1R1+1R2，P3=2R2+1R3，用 P2 产品的原材料生产 P3 产品，则需要多购买 1 个 R2、1 个 R3，即原材料采购数量变为 2 个 R1、7 个 R2、3 个 R3。计算结果如图 3-7 所示。

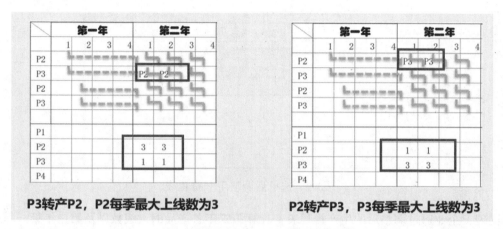

图 3-7　转产时的生产排程计算结果

如果考虑以上两种转产情况，那么原材料采购取最大值，为 3 个 R1、7 个 R2、3 个 R3。计算结果如图 3-8 所示。

第一年	第一季				第二季				第三季				第四季			
原材料	R1	R2	R3	R4	R1	R2	R3	R4	R1	R2	R3	R4	R1	R2	R3	R4
入库																
领用										原材料采购数						
订购数量											3		3	7	3	
第二年	第一季				第二季				第三季				第四季			
原材料	R1	R2	R3	R4	R1	R2	R3	R4	R1	R2	R3	R4	R1	R2	R3	R4
入库	3	7	3													
领用	3	7	3		3	7	3									
订购数量	3	7														

图 3-8　转产时的原材料采购计算结果

（五）调整第二年生产计划

根据前面预设选单的假设，选单后，企业在第二年订货会中选到的销售订单为"P2：4-4-2（288）"，"P2：3-4-0（214）"，"P3：3-4-1（258）"，"P3：2-4-2（193）"。共销售 7 个 P2，5 个 P3。

不转产时，P2 和 P3 每季产能各为 2 个，第二年产能各为 6 个，因此企业需要将 P3 转产一次生产 P2，即可完成所有销售订单的交货。具体来看，P2 或 P3 单季产能的最大值为 3，结合订单应收账期与资金周转情况，企业选择在第一季度转产 P2，如图 3-9 所示，确定最先提交的销售订单为"P2：3-4-0（214）"。生产完成后，P2 柔性线立即转回生产 P3，销售订单交货顺序即为：第二季按销售订单"P2：3-4-0（214）"交货，第三季按销售订单"P3：3-4-1（258）"交货，第四季按销售订单"P3：2-4-2（193）"与"P2：4-4-2（288）"交货。

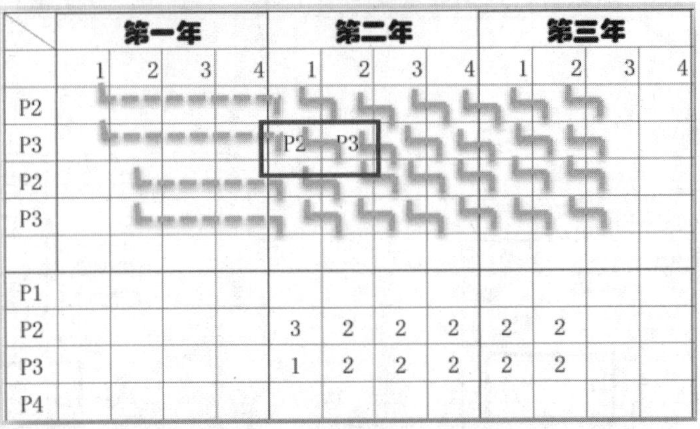

图 3-9　选单后调整生产排程表

同理，企业通过调整后的生产排程表，计算第二年各产品的上线数以及第三年第一季度、第二季度的上线数；然后根据产品上线数，结合产品物料清单，在原材料登记表中分解得到原材料的领用数、反推入库数以及原材料下订单数。假设第三年第一季度、第二季度不转产，计算结果如图 3-10 所示。

第一年	第一季				第二季				第三季				第四季			
原材料	R1	R2	R3	R4	R1	R2	R3	R4	R1	R2	R3	R4	R1	R2	R3	R4
入库																
领用																
订购数量												3	3	7	3	
第二年	第一季				第二季				第三季				第四季			
原材料	R1	R2	R3	R4	R1	R2	R3	R4	R1	R2	R3	R4	R1	R2	R3	R4
入库	3	7	3			6-2	3		2	6	0		2	6	1	
领用	3	3+2	1		2	2+4	2		2	6	2		2	6	2	
订购数量	2	4				6	1		2	6	2		2	6	2	
第三年	第一季				第二季				第三季				第四季			
原材料	R1	R2	R3	R4	R1	R2	R3	R4	R1	R2	R3	R4	R1	R2	R3	R4
入库	2	6	2		2	6	2									
领用	2	6	2		2	6	2									
订购数量																

图 3-10　选单后调整原材料采购表

（六）增加第二年生产线数量

如果企业在经营过程中有增加生产线的需求，同样可以反映到生产排程表中，即依次用虚线表示生产线的安装，用实线表示生产线的上线及下线生产，重复前面第一年建生产线与第二年生产的过程。假设第二年企业根据扩张需求，新安装 2 条全自动生产线用于生产 P4，生产排程表如图 3-11 所示。

	第一年				第二年				第三年			
	1	2	3	4	1	2	3	4	1	2	3	4
P2												
P3												
P2												
P3												
P4												
P4												
P1												
P2					3	2	2	2	2	2		
P3					1	2	2	2	2	2		
P4									2	2		

图 3-11　新增生产线的生产排程表

（七）补救措施

企业如果没有下原材料采购订单或少下原材料采购订单导致上线生产原材料不够领用，或者产成品数量不够导致订单无法交货，面临 20%违约金与被取消市场老大资格，或者想将库存中多余的原材料或产成品变现，可以采用以下补救措施。

1．组间交易

企业通过此功能可以完成企业与企业之间的各种交易，包括原材料交易、产成品交易，以弥补生产过程中没有及时采购原材料或产成品不够按订单进行交货的情况。交易价格由双协商确定，双方在协商时要注意原材料交易成本为原材料的采购成本，产成品交易成本为产成品的直接成本。

2．紧急业务

紧急采购业务与紧急销售业务被统一称为紧急业务，可以实现原材料与产成品的立即采购入库与销售出库，包括紧急采购原材料、紧急采购产成品、紧急销售原材料、紧急销售产成品。紧急采购时，原材料与产成品立即入库，存货无运输周期，立即到货。紧急业务可以方便企业立即补充库存，或通过紧急销售立即获得现金。

企业对原材料按正常采购价格的倍数支付采购成本，对产成品按直接生产成本的倍数支付采购成本，其倍数由系统参数控制，额外支付的采购费用计入损失。企业在紧急销售时，销售原材料只能按采购价格的折扣价获得现金，销售时的现金采用只舍不入的方法计算，成本与现金的差值计入损失。紧急采购原材料价格是原材料正常价格的 2 倍，紧急采购产品价格是产成品生产成本的 3 倍，紧急销售原材料价格是在原材料采购成本基础上打 8 折后的价格，紧急销售产品价格为产成品生产成本。具体功能如图 3-12 所示。

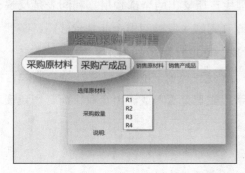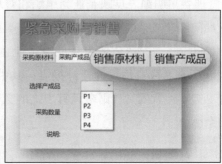

图 3-12　紧急采购与紧急销售功能图示

第二节 预算编制与财务核算

本节主要研究财务预算的编制方法与财务报表的填写方法，以及控制企业现金流的方法，让学生体验融资的重要性，研究如何增强资金的流动性，了解如何促进生产而带来新的收益。

企业在经营过程中，现金余额不可以小于零，如果现金余额小于零，意味着资金断流，企业破产。这可以解释为什么在现实经济社会中，有的企业有营业收入并在赚钱却还是倒闭了，相反，有的企业没有获利却可以继续经营，这就是"现金为王"的意义。

在企业沙盘推演课程中，系统开放了撤销功能（允许学生反复调整经营策略），以便学生熟悉操作、模拟企业经营活动。在真实企业经营活动中是没有撤销功能的，企业一旦经营失误就要承担相应的结果，如果没有妥善解决经营失误带来的问题，企业很可能会面临破产的险境。因此，企业在正式开始经营之前，一定要做好财务预算，通过财务预算来规划最佳经营方案。做预算的过程，实质上就是验证经营战略思想是否可行的过程。

企业编制预算，必须要保证从当季开始到下一年有销售收入时的季度之间，资金不能断流。编制预算后，如果有富余的资金，企业可以尝试扩大生产规模，加大投入，形成新的经济增长点。

一、辅助工具

为计算方便，企业编制预算与核算财务需要用到简易的财务预算表和财务报表，其中，财务报表包括综合管理费用明细表、利润表和资产负债表。

（一）财务预算表

财务预算表是按照经营流程罗列出来的一个现金流表，它描述了企业现金的流入和流出，具体格式参见附录 C。企业在填写表格时，对现金流入用"加"表示，对现金流出用"减"表示，编制财务预算，就是通过财务预算表如实准确地描述现金的流入流出情况，以测算现金在每个重要时刻的结余情况。在财务预算表中，现金流入的情况不多，主要包括销售产品带来的销售收入，还有申请长期贷款、短期贷款，其他情况基本都是现金流出。

（二）财务报表

财务报表由简易的综合管理费用明细表、利润表以及资产负债表组成，格式请参见附录 D。综合管理费用明细表反映企业为组织和管理生产所支出的全部费用。利润表是反映企业在一定会计期间经营成果的财务报表，如果想要直观了解一段时间内企业是亏钱还是赚钱，就要看这张"晴雨表"。资产负债表是反映企业在某一特定日期（如月末、季末、年末）全部资产、负债和所有者权益情况的会计报表，其中，资产=负债+所有者权益，是企业经营活动的静态体现。需要注意的是，财务预算表上的数字代表现金流入或流出企业，而资产负债表上的数字代表余额。

（三）报表项目

针对财务预算表及财务报表中出现的一些项目，结合模拟经营的生产制造企业背景及沙盘经营规则，对这些项目进行如下解读。

1．设备维护费

设备维护费是对已建成的生产线计提维护费用。每年年末，企业需要对所有已建成的生产线设备进行一次保养，包括正在转产的生产线，所有的生产线每年的维护费用相同，费用从现金中直接扣除。

2．折旧费

折旧费是指根据企业的固定资产原值，剔除不提折旧的固定资产因素，按照规定的残值率和折旧方法计算提取的折旧费用。折旧的计提不减少现金，只是降低资产的价值。根据经营规则，企业的固定资产，只有生产线参与折旧费的计算。

计算折旧的方法有很多，这里采取平均年限法，根据经营规则，生产线折旧的算法为：生产线折旧=（安装费用×安装周期-残值）/（折旧年限-1）

3．所得税

财务预算表中的"应交税金"与利润表中的"所得税"，均指企业所得税。当企业有盈利时，其需要向国家交付所得税，每年年末计算所得税，并从费用中列支，在下一年年初时再用现金进行结算支付。根据经营规则，所得税的算法为：先弥补前五年亏损，如果还有盈利，再按25%计提所得税，所得税按四舍五入计算，无小数位。

4．市场开拓

市场开拓指企业对新市场进行资金投入，以获得进入此市场的资格，以求市场范围不断扩大，增加产品销售量。沙盘规则规定，企业对每个市场每年只能支付一次市场开拓费用，费用直接从现金中列支。当达到规定的开拓周期时，企业自动获得该市场的证书。只有获得了市场准入证，企业才有资格打广告并在这个市场选择销售订单。

5．ISO认证

企业每年只能支付一次投资费用，费用直接从现金中列支。当达到规定的投资周期时，企业自动获得对应的证书。只有获得了相应的证书，企业才有资格在参加订货会时选择有ISO认证要求的销售订单。

6．违约损失

财务预算表中的"违约损失"指在按订单交货时，在约定的交货期内企业没有交货，出现违约行为后，市场对当年违约订单进行的扣款。违约扣款在年末一次性扣除，市场在违约当季只做违约标记，并不扣违约金。综合管理费用明细表中的"损失"既包括违约损失，也包括紧急采购或销售时的亏损部分。

7．销售收入

利润表中的"销售收入"与"直接成本"遵循配比原则，销售多少数量的产品，对应确认多少数量的成本，收入未发生则不计入成本。比如，仓库有P3产品3个，以单价90M卖出P3产品两个，则销售收入为2×90M=180M，直接成本为2×40M=80M。

8．财务费用

财务费用是指企业为筹集生产经营所需资金等而发生的费用。在沙盘推演中主要为利息与贴息支出，即长期贷款利息、短期贷款利息以及应收账款贴现利息。

二、资金筹集方式

资金筹集即企业筹措、聚集其在自身建设和生产经营过程中所需要的资金。在沙盘推演中，资金筹集方式主要有长期贷款、短期贷款、民间贷款以及应收账款贴现。这些资金由于来源方式不同，其筹集的条件、成本及风险也各不相同。企业对资金筹集管理的目标就是寻找、比较和选择对企业资金筹集最有利、资金筹集成本最低和资金筹集风险最小的资金来源。

银行贷款按贷款期限的长短分为长期贷款和短期贷款，长期贷款是贷款期限在五年以上的贷款，短期贷款为贷款期限较短的贷款。贷款期限的长短是决定贷款利率高低的一个因素，一般是贷款期限越长，利率越高。民间贷款是一种直接融资渠道，即通过民间组织或企业按照双方约定的利率和必须归还等条件出借货币资金的一种信用活动形式。

沙盘经营规则规定：长期贷款，最长的贷款期限为五年，年利率为 10%，满一年支付一次利息，到期后偿还本金，不可提前偿还。短期贷款，固定贷款周期为一年，年利率为 5%，到期后一次性还本付息。民间贷款为短期贷款类，固定贷款周期为一年，到期后一次性还本付息，年利率 100%。所有贷款方式按整数位四舍五入计息。

应收账款，是指企业在正常的经营过程中因销售商品、产品、提供劳务等业务，应向购买单位收取的款项。在沙盘推演中，参加订货会获得的销售订单在交货后被购买单位所占用的资金，以应收账期为 1 到 4 季度的应收账款出现。应收账款贴现，是指将指定应收账期的应收账款减少，支付一定比例的贴息费用，减少的应收账款与贴息的差值作为现金。贴现由于是立即支付贴息，当年直接产生财务费用，会直接拉低当年的所有者权益，对当年的所有者权益直接产生影响。沙盘经营规则规定：贴现 1、2 应收账期的应收账款，贴现率为 10%，3、4 应收账期的贴现率为 12.5%。由于贴息在计算时只入不舍，因此，1、2 应收账期的贴现额为 10 的倍数最优，3、4 应收账期的贴现额为 8 的倍数最优。

三、编制财务方案

我们预设一个经营方案来进行模拟经营，这个方案并不是最佳经营方案，只用于演示预算编制的原理，以及演算在不实际操作盘面的情况下此方案最终会产生的结果。

（一）预设经营方案

为保持学习的连续性，假设预设经营方案与生产排程算法中的预设经营方案相同。

（二）预设选单

为保持学习的连续性，假设预设选单与生产排程算法中的预设选单相同。

（三）第一年财务方案

对于第一年财务方案，企业需要通过填写财务预算表来制定第一年执行方案，对于第二年预算方案，企业要根据第一年财务报表制定贷款方案。

1．填写第一年执行方案

首先填制第一年的财务预算表，根据第一年的经营方案，将既定的经营策略及生产布局产生的费用填入对应的财务预算表项目栏中，先不考虑融资问题，填写结果如表3-3所示。

表 3-3　　　　　　　　　　　第一年财务预算表　　　　　　　　　单位：M

初始权益	700	第一季	第二季	第三季	第四季
年度规划（年初现金）	700				
贴息得现					
信息费					
广告费					
应交税金					
长贷利息	0				
偿还长贷					
申请长贷					
季初现金	700	540	320	90	
支付利息	0	0	0	0	
归还短贷					
检验值	700	540	320	90	
申请短期贷款					
原材料入库					
第一次租厂房	40				
新建/在建生产线	100	200	200	200	
生产线转产					
生产线变卖					
紧急采购原料					
租赁线退线损失					
下一批生产					
检验值	560	340	120	−110	
更新应收款					
立即得现					
贴息得现					
购买厂房					
紧急采购产成品					
续租厂房					
产品研发	10	10	20	30	
新市场开拓				50	
ISO 认证				25	
违约损失					
设备维护费用					
生产线折旧					
支付行政管理费	10	10	10	10	
季末现金	540	320	90	−225	

（1）支付行政管理费：不管开工与否，企业都需要给管理人员发工资，每季 10M，一年四季，共 40M。

（2）新市场开拓：企业开发全部市场，在每个市场中需投入 10M，共有 5 个市场，一年共 50M。市场越多，后期产品销售出去的概率越大。

（3）ISO 认证：官方认证会提高产品销量。从第三年开始，订货会上会出现要求 ISO 认证的销售订单，没有此项认证的企业就没有资格抢这个销售订单。2 项 ISO 认证一年共投入 25M。

（4）违约损失：第一年没有销售活动，无违约损失发生。

（5）设备维护费：设备维护费在生产线建成后的当年开始产生，每年年末支付，建设中的生产线不会产生设备维护费。由于 2 条柔性线从第一季开始安装，2 条全自动线从第二季开始安装，4 条生产线都是在第二年第一季建成，因此，第一年不会产生设备维护费。

（6）生产线折旧：第一年不存在折旧费。折旧费是固定资产在使用中，按固定资产额及其折旧年限，计算出的每年应分摊的费用。折旧费在生产线建成后的下一年开始计提，建成当年没有折旧费。由于 4 条生产线都是在第二年第一季建成的，因此，折旧费从第三年开始计提。

（7）产品研发：企业计划研发 P2、P3、P4 产品。P2 与 P3 在第二年第一季开始上线生产，P4 在第三年第一季开始上线生产，每个产品的研发周期不同（P2 为两个季度，P3 为四个季度，P4 为五个季度）。企业根据上线生产的时间点，结合研发周期倒推得到最合适的研发时间，P4 从第一年第四季开始研发，P2 从第一年第三季开始研发，P3 从第一年第一季开始研发，因此，第一年四个季度的研发费用分别为 10M、10M、20M、30M（4 次 P3，2 次 P2，1 次 P4）。

（8）第一次租厂房：企业计划租一个大厂房，大厂房一年租金为 40M。

（9）新建/续建生产线：企业计划建 4 条生产线，其中 2 条为柔性线，2 条为全自动线。2 条柔性线每季的安装费用为 100M，2 条全自动线每季的安装费用为 100M。为了合理规避设备维护费用，企业在第一季仅新建柔性线，安装费用为 100M，在第二季开始新建全自动线，安装费为 100M，再加上续建 2 条柔性线，共计 200M。第三季和第四季对 4 条生产线进行续建，每条线 50M，每季各 200M。

（10）原材料入库：原材料采购采取货到付款的方式，从财务角度来看，原材料在下订单的时候没有产生现金流出，只有在原材料到货入库时才有现金流出。

（11）贴息得现：企业在第一年没有应收账款，不能进行贴现处理，无现金流入。

（12）信息费：即获取其他企业经营信息的费用，此处经营规则不涉及。

（13）应交税金：企业在第一年没有销售收入，不会产生盈利，因此，不会产生企业所得税。

（14）长贷利息：指长期贷款满一年支付的利息，由于没有长期贷款，企业在第一年无长期贷款利息发生。

（15）短期贷款利息：指短期贷款满四季支付的利息，由于没有短期贷款，企业在第一年无短期贷款利息产生。

（16）生产线转产：全自动线转产会产生费用，转产周期还会导致停产，影响生产线的产能，减少收入。柔性线转产没有转产费用，转产时不会停产。因此，企业要尽量避免生产线转产，安装生产线时，将自动线与柔性线组合使用，发挥柔性线可以转产的特性与全自动线投入产出高的特性，如此既保证了产能，又发挥了生产线的机动性。

（17）上线生产：在产品开始上线生产时，企业需要支付工人的人工费，但企业在第一年不会上线生产产品，不需要支付人工费。

（18）立即得现：指销售产品时应收账期为零的货款流入。企业在第一年无销售行为发生，无立即得现。

（19）续租厂房：指厂房租赁满四个季度时，继续租赁所支付的租赁费，如果是第一次租赁，则企业应填写"第一次租厂房"项。

注意，这个时候检验值呈红色、显示为负值，第四季季末资金显示为-225。检验值是指资金在这个时间点的余额，呈红色即表示资金余额不足，企业资金出现断流，无法进行经营。根据经营规则，第一年银行的贷款额度基于上一年所有者权益 700M 乘以 3 进行计算，远远大于资金缺口，因此，企业第一年的经营肯定没有问题。

是不是现在就需要申请贷款了呢？不是的，企业仅仅列出当年的所有现金流出是不够的。企业必须将从当年到下一年有销售收入之前的时间段内所有的现金流出全部列出来后，才能再确定融资方案，确定长期贷款、短期贷款、应收款贴现金额，保证资金不断流。

2. 填写第二年预算方案

由于第二年第一季才能上线生产，企业最快在第二季才能下线产品，第二季才能交货，产生销售收入。所以，企业必须将第二年第一季与第二季的现金流入流出情况进行估算。结合第二年第一季及第二季的经营情况，填制第二年财务预算表，暂时不考虑融资情况，填写结果如表3-4所示。

表 3-4   第二年财务预算表   单位：M

初始权益	313	第一季	第二季	第三季	第四季
年度规划（年初现金）		-225			
贴息得现					
信息费					
广告费		100			
应交税金					
长贷利息		0			
偿还长贷					
申请长贷					
季初现金		-325	-555	-745	-935
支付利息		0	0	0	0
归还短贷		0	0	0	0
检验值		-325	-555	-745	-935
申请短期贷款					
原材料入库		130	130	130	130
第一次租厂房					
新建/在建生产线					
生产线转产					
生产线变卖					
紧急采购原料					
租赁线退线损失					
下一批生产		40	40	40	40
检验值		-495	-725	-915	-1105
更新应收款					
立即得现					
贴息得现					
购买厂房					
紧急采购产成品					
续租厂房		40			
产品研发		10	10	10	10
新市场开拓					30
ISO 认证					25
违约损失					
设备维护费用					80
生产线折旧					
支付行政管理费		10	10	10	10
季末现金		-555	-745	-935	-1260

（1）新市场开拓：企业在第一年对本地、区域市场已研发完毕，第二年继续研发国内、亚洲、国际三个市场，共投入 30M。

（2）ISO 认证：继续 ISO 两项认证投入，费用共计 25M。

（3）违约损失：按实际发生的违约情况填写，尽量做到不发生。

（4）设备维护费：第二年 4 条生产线已建成，建成当年产生 80M（4×20M）的维护费。

（5）生产线折旧：第二年为生产线建成的第一年，折旧费在建成之后的下一年发生，因此，第二年没有折旧费。

（6）产品研发：继续研发 P4，每季投入 10M，共 40M。

（7）续租厂房：对到期的大厂房续租一年，花费 40M。

（8）原材料入库：根据本章第一节中的生产排程算法可知，原材料第一季分别入库 3 个 R1、7 个 R2、3 个 R3，共需 130M。第二季原材料确定有 3 个 R3 入库，R1、R2 根据第一季的采购情况而定，原材料的采购数量需要根据企业在订货会中实际获得的销售订单情况进行相应调整。在制定预算阶段，企业要给出一个预估值，实际发生后再来调整预算表数据。保守预估，第二季仍旧按照 3 个 R1、7 个 R2、3 个 R3 入库原材料，即需 130M，但实际发生时很有可能比这个值小，此处留出了缩减成本的空间。

（9）上线生产：原材料入库后企业即可开始上线生产，生产时领用原材料，同时对每批次产品需要支付生产人工费，均为 10M，4 条生产线共计 40M。

（10）广告费：如何投放广告取决于这个市场其他竞争者的投放情况，以及你对竞争对手性格、习惯的了解程度，是一个博弈的过程。需要注意，广告费为销售费用，会间接分摊到每个销售的产品上。广告费过高，会导致产品利润降低，影响企业盈利。同时企业也要考虑市场的宽松度，如果这是一个需求旺盛的市场，大家生产的产品都能卖出去，那么广告竞争就不会激烈，广告费偏低。反之，如果这是一个供给过剩的市场，一部分企业可能会接不到订单，这时广告竞争就会很激烈，广告费偏高。这里预留 100M 作为广告费。

结合现有的财务预算表、预设的选单及交单方案，第二年第二季更新应收款之前的检验值为-725，在此之后，企业会有销售收入，因此，可以判断企业资金的需求为 725M。假如第二年在银行获得贷款的额度大于 725M，企业就能运转到产生应收的状态。

沙盘经营规则规定，银行批准的贷款额度为上一年所有者权益的 3 倍，因此，企业需要计算第一年的所有者权益。这里，需要通过填写另一张表——"财务报表"，来计算第一年的所有者权益。

3．填写第一年财务报表

按照第一年财务预算表上的数据，填写综合管理费用明细表及利润表，填写内容如表 3-5 和表 3-6 所示。填写第一年财务报表只需要用到第一年的预算数据，因此，企业在第一年财务预算表完成后即可填写。财务报表的填写过程，实质上就是财务核算过程。

企业在资产负债表中计算所有者权益。股东资本固定为 700M，将利润表中得出的年度净利-225M 填入资产负债表中，可以得到所有者权益=股东资本+利润留存+年度净利，为 475M。其中，利润留存为以前年份的净利润之和，即上一年的利润留存+上一年的年度净利，填写结果如表 3-7 所示。资产负债表中的其他项目，可以根据第一年最终的预算结果填写，这里不进行阐述。

表 3-5　第一年综合管理费用明细表　单位：M

项目	金额	备注
管理费	40	
广告费	0	
维护费	0	
损失	0	
转产费	0	
厂房租金	40	
市场开拓	50	
ISO 认证	25	□ISO 9000 □ISO 14000
产品研发	70	
信息费	0	
合计	225	

表 3-6　　　第一年利润表　　单位 M

项目	金额
销售收入	0
直接成本	0
毛利	0
综合费用	225
折旧前利润	-225
折旧	0
支付利息前利润	-225
财务费用	0
税前利润	-225
所得税	0
净利润	-225

表 3-7　　　　　　　　　第一年资产负债表　　　　　　　　　单位：M

资产	本年数	负债和所有权益	本年数
流动资产：		负债：	
现金		长期负债	
应收账款		短期负债	
在制品		应付账款	
产成品		应交税金	
原材料		负债合计	
流动资产合计			
固定资产：		所有者权益：	
土地和建筑		股东资本	700
机器与设备		利润留存	0
在建工程		年度净利	-225
固定资产合计		所有者权益合计	475
资产总计		负债和所有者权益总计	

4．制定第二年贷款方案

根据财务报表可以得到，长期贷款与短期贷款的总贷款额度=所有者权益×3=475M×3=1425M，远远大于 725M（资金缺口），所以企业无论采用哪种贷款方案，都可以保证资金不断流。

如果将全部额度进行长期贷款，优点是偿还贷款本金的压力延后，缺点是每年的利率为 10%，财务费用较高。如果全部进行短期贷款，优点是充分利用短期贷款利率为 5%的优势，降低财务费用，缺点是需短期内偿还本金及利息，资金周转压力大。

这里演示长期贷款与短期贷款相结合的财务方案：将总贷款额度平均分解为 5 份，其中 4 份用于短期贷款，1 份用于长期贷款。企业在每一季度初分别申请 1 次等额短期贷款，使每一季度都有现金流入，当需要归还第 1 次申请的短期贷款本金及利息时，使用等额长期贷款进行偿还，偿还后继续申请短期贷款，这样等额长期贷款就让一年四个季度的短期贷款资金滚动起来，只要控制合理，相当于对于短期贷款，只需要支付 5%的财务费用，便可永久使用。

沙盘经营规则中规定：贷款利息按四舍五入方式处理。为最大化降低财务费用，企业可充分发挥四舍五入的特性。我们通过计算发现，每季短期贷款个位数为 9、十位数为双数时，利息的小数位舍弃，为最优值；长期贷款未还之和的个位数为 4 时，利息的小数位舍弃，为最优值。根据以上描述，我们将 1425M 的贷款额度平均分解为 5 份，即每份 285M，4 份短期贷款向下取最优为 269M，将多余的额度全部放到 1 份长期贷款中，最优取为 344M，这样，刚好把贷款额度分解完成。填写全部贷款金额后，预算结果如表 3-8 和表 3-9 所示。

表 3-8　第一年贷款后的财务预算表　单位：M

初始权益	700	第一季	第二季	第三季	第四季
年度规划（年初现金）	700				
贴息得现					
信息费					
广告费					
应交税金					
长贷利息	0				
偿还长贷					
申请长贷					
季初现金		700	540	320	359
支付利息		0	0	0	0
归还短贷					
检验值		700	540	320	359
申请短期贷款				269	269
原材料入库					
第一次租厂房		40			
新建/在建生产线		100	200	200	200
生产线转产					
生产线变卖					
紧急采购原料					
租赁线退线损失					
下一批生产					
检验值		560	340	389	428
更新应收款					
立即得现					
贴息得现					
购买厂房					
紧急采购产成品					
续租厂房					
产品研发		10	10	20	30
新市场开拓					50
ISO 认证					25
违约损失					
设备维护费用					
生产线折旧					
支付行政管理费		10	10	10	10
季末现金		540	320	359	313

表 3-9　第二年贷款后的财务预算表　单位：M

初始权益	700	第一季	第二季	第三季	第四季
年度规划（年初现金）	313				
贴息得现					
信息费					
广告费		100			
应交税金					
长贷利息	0				
偿还长贷					
申请长贷		344			
季初现金		557	596	675	472
支付利息		0	0	13	13
归还短贷				269	269
检验值		700	540	320	359
申请短期贷款		269	269	269	269
原材料入库		130	130	130	130
第一次租厂房					
新建/在建生产线					
生产线转产					
生产线变卖					
紧急采购原料					
租赁线退线损失					
下一批生产		40	40	40	40
检验值		656	695	495	289
更新应收款					
立即得现					
贴息得现					
购买厂房					
紧急采购产成品					
续租厂房		40			
产品研发		10	10	10	10
新市场开拓					30
ISO 认证					25
违约损失					
设备维护费用					80
生产线折旧					
支付行政管理费		10	10	10	10
季末现金		596	675	472	134

5．优化第一年执行方案

第二年贷款后的财务预算表显示，第二年第二季检验值为 695M，即在第二年第二季交单前，企业账上还有 695M 的资金闲置，没有产生效益。企业是否可以将账上的闲置资金用于生产建设，提高产能呢？我们可以调整第一年执行方案、填写第二年预算方案、填写第一年财务报表、制定第二年贷款方案的顺序反复修改财务预算表，推演并比较每一种方案的结果。

假如将原有的 4 条生产线增加为 6 条，即在原有基础上新建 2 条全自动线，由此新增的现金流入、流出情况如下。

（1）第一年需要额外租一个厂房，"第一次租厂房"项新增 40M。注意，租金为费用，此时所有者权益降低 40M；总贷款额度相应降低 120M（40×3）；额外租厂房的费用 40M 与降低的总贷款额度 120M 累加，现金流减少 160M。

（2）新建 2 条全自动线，"新建/续建生产线"项增加 300M。注意，生产线为资产，不会降低所有者权益。

（3）将新建的 2 条生产线投入生产，第二季的人工费需 40M。

（4）将新建的 2 条生产线投入生产，第二季的原材料入库费用按原方案的一半估算，需 120M。

（5）产能提高后，企业要追加广告费，按原方案 100M 的广告费同比追加 50M。

（6）第二年第二季续租厂房，在交货之后，新增的 40M 费用不计算在内。

（7）由于新增加了 2 条生产线，所以企业在第一年第二季需要增加贷款，如贷款 209M，则第二年会产生利息 10M。

将以上扩建后新增费用相加为 680M，可以实现第二年建 6 条生产线的扩建方案，但账上现金流紧张，留给实际经营的失误空间非常狭小，如果企业对原材料采购控制不好，或者生产的产品没有正常全部卖出，很容易出现资金断流。

依据此原理，可以演算增加 1 条全自动线、增加 1 条全自动线与 1 条柔性线等其他情况，看一看是什么结果。在优化预算过程中，需要依次调整第一年财务预算表，填写第一年财务报表，填写第二年财务预算表，制定第二年贷款方案，反复进行，直到找到最优方案。

在不熟悉经营的情况下，建议企业以现金为王，不要过于冒险，以 4 条生产线开局比较稳妥，先求生存，再求发展。在前三年重点做好企业布局及内控，按照实际经营及回款情况及时调整财务预算表，依照企业发展情况和市场竞争情况，再决定扩建方案。

如果继续保留以 4 条生产线开局，建议企业将第一年第三季与第四季的贷款金额降低，去掉闲置资金，保证资金够用即可。

（四）第二年财务方案

1．填写第二年执行方案

每年的执行方案在选单完成后制订。假设第一年企业按照前面的预算结果经营完成，第二年投放完广告，并选单完成，获取前面提到的预设销售订单，即"P2：4-4-2（288）""P2：3-4-0（214）""P3：3-4-1（258）""P3：2-4-2（193）"。

生产岗位已根据获取的订单将生产计划调整完成，即将 P3 柔性生产线在第二年第一季度转产生产 P2 产品，在第二季度转回生产 P3 产品，同时，根据上线生产情况，对原材料采购数量进行计算，如图 3-12 所示。订单交货顺序为：第二季按订单"P2：3-4-0（214）"交货，第三季按订单"P3：3-4-1（258）"交货，第四季按订单"P3：2-4-2（193）"与"P2：4-4-2（288）"交货。

根据生产计划的调整结果，将对应销售订单中的销售额 214M 填写入第二季、258M 填入第四季、481（193+288）M 填写下一年第二季。根据第二年原材料采购表，将第二年第二季、第三季、第四季估算的原材料入库现金流出 130M 分别改为 90M、80M、90M。预算结果如表 3-10 所示。

表 3-10　　　　　　　　　　　　第二年财务预算表　　　　　　　　　　　单位：M

初始权益		第一季	第二季	第三季	第四季
年度规划（年初现金）		313			
贴息得现					
信息费					
广告费		100			
应交税金					
长贷利息		0			
偿还长贷					
申请长贷		344			
季初现金		557	596	929	776
支付利息		0	0	13	13
归还短贷		0	0	269	269
检验值		557	596	647	494
申请短期贷款		269	269	269	269
原材料入库		130	90	80	90
第一次租厂房					
新建/在建生产线					
生产线转产					
生产线变卖					
紧急采购原料					
租赁线退线损失					
下一批生产		40	40	40	40
检验值		656	735	796	633
更新应收款					258
立即得现			214		
贴息得现					
购买厂房					
紧急采购产成品					
续租厂房		40			
产品研发		10	10	10	10
新市场开拓					30
ISO 认证					25
违约损失					
设备维护费用					80
生产线折旧					
支付行政管理费		10	10	10	10
季末现金		596	929	776	736

从预算结果可以看出，第二年季末现金有 736M，应收账款有 481M，资金流正常，每季度闲置的资金比较多。

第二年执行方案填写完成后，企业还需要填写第三年预算方案，填写第二年财务报表，制定第三年贷款方案。

2．优化第二年执行方案

企业可以对第二年扩建方案、贷款方案、交货顺序进行优化，其中，重点考虑的是扩建方案。如果在第二年有比较多的闲置资金，企业可以考虑在第二年尝试新建生产线，提高产能。预算时，企业需要将预算做到第三年第一季交货时，在保证第三年第一季交货之前，资金不断流的前提下，留足广告费，尝试尽可能多地建设生产线，提高产能。在预算过程中，企业需要依次调整第二年执行方案，填写第三年预算方案，填写第二年财务报表，制定第三年贷款方案，反复进行，直到找到最优方案。

第三节　市场分析及企业战略

本节通过对市场预测数据进行分析，帮助学生学习企业经营过程中各个环节的经营策略，分析利润、收入和费用的关系，体验制定企业经营战略的重要性，研究提高企业净利润的途径。

一、辅助工具

本节将使用 Excel（2016 版）对系统导出的市场预测表进行市场预测数据分析，并根据分析结果讨论经营策略。市场预测表由系统设定的市场竞争程度自动生成，反映了企业所在市场六年经营期间的产品属性、市场供求变化等因素。不同系统设置下生成的市场预测表数据有所不同，本节以第二章的市场预测表为例进行分析。

本节中所使用的市场分析方法，主要用于对市场预测表中隐含的市场供需变化的各种因素及其动态、趋势进行分析，分析结果可为企业生产经营决策和客观管理决策提供重要依据。通过对市场预测表中数据的加工和研究，我们可以了解市场对某种产品的需求量及其需求发展趋势、产品每年的市场占有率、市场购买力等关键信息。在市场分析过程中，我们将运用到 Excel 数据透视表等功能，具体分析方法将在市场分析实操部分进行讲解。

二、市场分析

首先，在 Excel 中打开市场预测表。此预测表是根据教学组数以及市场竞争激烈程度由系统自动生成的。其次，将市场预测表格式进行调整。在表中将"产品"加入表头，将原始的三维表调整为二维表，以方便取数。最后，在市场预测表中增加用于辅助计算的表头。这里增加"成本""单毛利""总毛利"字段。所谓"成本"，是指产品的直接成本。"单毛利"，是指单个产品平均获得的毛利的简称。"总毛利"，是指全部产品获得的全部毛利之和的简称。其中，P1 的成本=20M，P2 的成本=30M，P3 的成本=40M，P4 的成本=50M，单毛利=价格-成本，总毛利=单毛利×数量。市场预测表最终调整结果如图 3-13 所示。

市场预测表

年份	市场	产品	数量（个）	价格（M）	单数（张）	成本（M）	单毛利（M）	总毛利（M）
第二年	本地	P1	72	52.49	26	20	32.49	2339
第二年	区域	P1	66	58.20	24	20	38.20	2521
第三年	本地	P1	77	56.92	27	20	36.92	2843
第三年	区域	P1	72	51.24	26	20	31.24	2249
第三年	国内	P1	65	54.65	23	20	34.65	2252
第四年	本地	P1	73	54.33	26	20	34.33	2506
第四年	区域	P1	74	58.68	26	20	38.68	2862
第四年	国内	P1	58	51.07	21	20	31.07	1802
第四年	亚洲	P1	65	49.98	23	20	29.98	1949
第五年	本地	P1	62	56.19	22	20	36.19	2244
第五年	区域	P1	73	54.11	26	20	34.11	2490
第五年	国内	P1	61	47.87	22	20	27.87	1700
第五年	亚洲	P1	60	46.83	21	20	26.83	1610
第五年	国际	P1	76	55.16	27	20	35.16	2672
第六年	本地	P1	78	54.27	28	20	34.27	2673
第六年	区域	P1	78	53.23	28	20	33.23	2592
第六年	国内	P1	71	49.06	25	20	29.06	2063
第六年	亚洲	P1	79	50.10	28	20	30.10	2378
第六年	国际	P1	63	51.14	23	20	31.14	1962

图 3-13　调整后的市场预测表

最后，生成数据透视表。具体方法为，用鼠标单击市场预测表中的任意数据，以获取焦点，单击工具栏"插入"—"数据透视表"，生成新的数据透视表。数据透视表是一种交互式的计算工具，可以进行分类求和、求平均值、计数等统计工作。数据透视表由数据透视字段与数据透视区域两部分组成，其中，数据透视字段是数据透视的对象，根据市场预测表的表头生成，具体的字段有：年份、市场、产品、数量、价格、单数、成本、单毛利、总毛利。数据透视区域是数据透视的功能分区，我们通过此区域确定数据透视呈现的格式，以及数据透视的算法。数据透视区域由筛选器、列、行、值四部分组成，其中，筛选器、列、行中存放分类透视的条件，值中存放分类透视的结果。通过数据透视表，我们可对市场预测表中的任意字段进行组合分析，以获取经营决策依据。

（一）竞争激烈程度分析

将市场预测表中的总毛利进行汇总，以总毛利之和除以经营小组数，即可得每个企业的平均毛利空间。企业可以通过这个数值来判断所在市场的竞争程度。

假设经营小组数为 16 组，具体操作方法为：首先，将总毛利字段拖放到值区域，由系统自动对总毛利进行求和计算。然后，将汇总数除以 16 组，得到 14999.75M。分析结果如图 3-14 所示。

求和项:总毛利	汇总	组数	平均毛利
汇总	239996	16	14999.75

图 3-14　数据透视表示例

平均毛利这个数值越大，说明企业获利的机会越多，市场越宽松，竞争越平和，反之，则获利的机会越少，竞争越激烈。当企业的平均毛利在 4000M 左右时，市场竞争极度惨烈，企业需要通过多投广告冲击市场，落后的企业很容易破产。当企业的平均毛利在 7000M 左右时，市场竞争趋于缓和，企业可实现缓慢发展。当企业的平均毛利为 15000M 左右时，市场竞争比较平和，企业只需要正常经营，做好内部控制，投入较少的广告，即可实现快速增长且盈利。

（二）产品总需求量分析

将市场预测表中的产品数量按产品进行分类求和，可以得到六年内各产品总的市场需求量，企业可以以此为依据进行产品定位选择。

具体操作方法为：将产品字段拖放到行区域，将数量字段拖放到值区域，然后由系统自动按产品分类对数量进行求和计算，计算结果如图 3-15 所示。

求和项:数量	
产品 ▼	汇总
P1	1323
P2	1433
P3	1315
P4	1188
总计	5259

图 3-15　产品总需求量分析

从分析结果中可以看出，在六年的时间内，P4 产品的市场需求量最小，P2 产品的市场需求量最大，P1、P3 产品的需求量居中。在理想状态下，如果各企业对各产品的产能相对比较平均，那么，市场需求量越小，产品销售压力越大，竞争越激烈。产品的销售压力还与生产各产品的企业数量有关系，如果生产某类产品的企业过多，就算市场对这类产品的需求量最大，一样会导致产品竞争趋于激烈。

（三）需求量趋势分析

在对产品的数量进行数据透视时，如果加入年份维度，即可得到各产品在每一年的需求量；如果再加入市场维度即可以分市场得到各产品在每一年的需求量。

1．产品、年份维度分析

将市场预测表中的产品数量，按产品与年份两个维度进行数量求和，可以得到各产品在每一年的市场需求量及趋势走向，企业可以以此为依据，把握好建设生产线的节奏。

具体操作方法为：将产品字段拖放到行区域，将年份字段拖放到列区域，将数量字段拖放到值区域，然后由系统自动按产品与年份分类对数量进行求和计算，计算结果如图 3-16 所示。

求和项:数量	年份					
产品	第二年	第三年	第四年	第五年	第六年	总计
P1	138	214	270	332	369	1323
P2	152	207	281	362	431	1433
P3	144	190	254	328	399	1315
P4	44	131	235	340	438	1188
总计	478	742	1040	1362	1637	5259

图 3-16　产品、年份维度需求量趋势分析

通过分析结果，企业可以得到每一年每种产品的需求量。由于小组可以通过间谍活动，得到其他小组的生产线布局情况，依据生产线布局情况可以计算出其他小组的产能，将每个小组各产品的产能进行分类汇总，即可得到所有小组的总体产能。如果总体产能小于该产品当年的需求量，说明供大于求，竞争比较平和，只需要正常投放广告，按部就班组织生产即可；如果总体产能大于该产品当年的需求量，说明供大于求，竞争趋于激烈，此时要加大广告投入，并做好转产的准备。

根据产品的需求量可以反算出市场容量。以第二年的 P4、P3 为例，P4 的需求量为 44 个，P3 的需求量为 144 个。假设一个企业一般以 4 条线开局：由于 P4 产品研发周期为 5 季，第二年第二季才能开始上线生产，第二年 1 条线最多只能产出两个产品。因此，44/（2×4）=5.5 个，P4 产品最少可容纳下 5.5 个企业生产销售。P3 产品研发周期为 4 季，第二年第一季可以开始上线生产，P3 产品 1 条线最多只能产出 3 个产品。因此，144/（3×4）=12 个，P3 产品最少可以容纳下 12 个企业生产销售。根据计算可知，仅 P3 与 P4 产品，就可以容纳下 17.5 个企业各 4 条生产线的产能。

另外，企业可以对产品每年需求量走势进行分析。以 P4 产品为例，从表中可以看出，P4 产品需求数量在逐年递增，假设第六年 P4 的需求量不是 438 个，而是 238 个，说明第六年 P4

产品的需求量在降低，因此，企业必须在第六年，积极将 P4 部分生产线转产，另外，还要加大 P4 产品广告费的投入。

2. 产品、年份、市场维度分析

将市场预测表中的数量，按产品、年份、市场三个纬度进行数量求和，可以得到每一年各产品在各市场的需求量及趋势走向。

具体操作方法为，将产品字段拖放到列区域，将年份字段与市场字段拖放到行区域，将数量字段拖放到值区域，系统自动按产品、年份、市场分类对数量进行求和计算，计算结果如图 3-17 所示。

求和项:麦	产品				
年份　市场	P1	P2	P3	P4	总计
第二年　本地	72	87	71	22	252
区域	66	65	73	22	226
第二年 汇总	138	152	144	44	478
第三年　本地	77	77	64	36	254
区域	72	60	67	46	245
国内	65	70	59	49	243
第三年 汇总	214	207	190	131	742
第四年　本地	73	69	64	60	266
区域	74	74	73	53	274
国内	58	65	65	53	241
亚洲	65	73	52	69	259
第四年 汇总	270	281	254	235	1040
第五年　本地	62	82	73	66	283
区域	73	70	65	62	270
国内	61	79	71	83	294
亚洲	60	60	54	63	237
国际	76	71	65	66	278
第五年 汇总	332	362	328	340	1362
第六年　本地	78	90	82	76	326
区域	78	93	73	100	344
国内	71	90	83	89	333
亚洲	79	71	92	97	339
国际	63	87	69	76	295
第六年 汇总	369	431	399	438	1637
总计	1323	1433	1315	1188	5259

图 3-17　产品、年份、市场维度需求量分析

分析结果显示出每年各产品在各市场上需求量的大小。需求量越大，说明市场越宽松，广告费就可以少投入；需求量越小，说明市场竞争激烈，广告费就必须多投入。企业可以以此为依据，确定产品在各市场广告投入的高低。比如：第三年 P4 产品，本地只有 36 个，国内有 49 个，因此，如果只从数量考虑，本地的广告费就必须高于国内的广告费。

（四）订单数分析

将市场预测表中的订单数，按年份、市场、产品三个维度进行数据透视分析，可以得出各产品在不同市场、不同年份的订单量，企业可以以此推算选单轮次，并将其作为订货会广告投入的决策依据。

具体操作方法为：将年份、市场字段拖放到行区域，将产品字段拖放到列区域，将单数字段拖放到值区域，通过拖动调整市场显示顺序，由系统自动按年份、市场、产品分类对单数进行求和计算，计算结果如图 3-18 所示。

求和项:数		产品				
年份	市场	P1	P2	P3	P4	总计
⊟第二年	本地	26	31	25	8	90
	区域	24	23	26	8	81
第二年 汇总		50	54	51	16	171
⊟第三年	本地	27	27	23	13	90
	区域	26	21	24	17	88
	国内	23	25	21	18	87
第三年 汇总		76	73	68	48	265
⊟第四年	本地	26	25	23	21	95
	区域	26	26	26	19	97
	国内	21	23	23	19	86
	亚洲	23	26	19	25	93
第四年 汇总		96	100	91	84	371
⊟第五年	本地	22	29	26	24	101
	区域	26	25	23	22	96
	国内	22	28	25	30	105
	亚洲	21	21	19	23	84
	国际	27	25	23	24	99
第五年 汇总		118	128	116	123	485
⊟第六年	本地	28	32	29	27	116
	区域	28	33	26	35	122
	国内	25	32	32	30	119
	亚洲	28	25	33	34	120
	国际	23	31	25	27	106
第六年 汇总		132	153	143	155	583
总计		472	508	469	426	1875

图 3-18　订单数分析

以第二年 P3 产品的本地市场为例，计算结果显示有 25 张销售订单，如果企业通过间谍活动发现有 16 个小组生产 P3，那么，市场共支持两轮选单，第一轮分配完 16 张销售订单后，第二轮只剩下 9 张销售订单，因此，企业如果想参与两轮选单，根据广告投放规则，广告费必须投放 15M 以上，广告费排名必须进入前 9。

（五）毛利分析

将市场预测表中的毛利进行数据透视分析，计算平均毛利，企业依此可以了解各产品的盈利空间。由于平均毛利不能按单毛利进行简单平均计算，需要根据数量进行加权平均，因此，需要计算出总毛利，再算出总数量，才能得到平均毛利。

在对毛利进行数据透视之前，需要定义计算字段"毛利"。具体操作方法为：选中数据透视表，单击工具栏"分析"→"字段、项目和集"→"计算字段"，在窗口中录入字段名称"毛利"，定义毛利计算公式=总毛利/数量，单击"添加"按钮即可，窗口内容如图 3-19 所示。

图 3-19　定义毛利字段

通过对毛利字段从产品、年份、市场等维度进行组合分析，可以看出产品价格背后所隐含的毛利信息。

（1）产品维度分析。将市场预测表中的毛利，按产品这个维度进行数据透视分析，计算平均毛利，可以得到各产品的总体盈利空间排名。

具体操作方法为：将产品字段拖放到列区域，将毛利字段拖放到值区域，系统自动按产品算出毛利的平均值，将平均值保留两位小数，计算结果如图 3-20 所示。

求和项:毛利	产品				
	P1	P2	P3	P4	总计
汇总	33.04	41.05	50.29	60.04	45.64

图 3-20　产品维度毛利分析

分析结果显示出每个产品的平均毛利。这个数值越高，说明这个产品的利润空间越大，数值越低，利润空间越小。从分析结果可以看出，P4 的毛利最高，达到了 60.04M；P3 排名第二，为 50.29M；P2 排名第三，为 41.05M；P1 排名第四，只有 33.04M。企业经营的首要目标就是追求利润，因此，只有尽可能多的生产 P4 产品，才能获取最高额度的利润。

（2）产品、年份维度分析。将市场预测表中的毛利，按产品、年份两个维度进行数据透视分析，计算每年的平均毛利，可以得到各产品每年的盈利空间排名。

具体操作方法为：将产品字段拖放到列区域，将年份字段拖放到行区域，将毛利字段拖放到值区域，系统自动按产品算出每年毛利的平均值，将平均值保留两位小数，计算结果如图 3-21 所示。

求和项:毛利	产品				
年份	P1	P2	P3	P4	总计
第二年	35.22	39.53	49.40	47.75	42.01
第三年	34.32	42.15	49.47	52.18	43.54
第四年	33.77	43.46	50.51	56.95	45.72
第五年	32.28	42.05	50.61	61.05	46.47
第六年	31.62	38.65	50.62	64.49	46.90
总计	33.04	41.05	50.29	60.04	45.64

图 3-21　产品、年份维度毛利分析

分析结果显示：第二年毛利最高的产品是 P3，等于 49.40M；第三年毛利最高的产品是 P4，等于 52.18M；第四年毛利最高的产品是 P4，等于 56.95M；第五年毛利最高的产品是 P4，等于 61.05M；第六年毛利最高的产品是 P4，等于 64.49M。从这个结果可以看出，第二年主要生产与销售的产品应该为 P3，以后年份，主要生产和销售的产品应该为 P4。

（3）产品、年份、市场维度分析。将市场预测表中的毛利，按产品、年份、市场三个维度进行数据透视分析，计算平均毛利，可以看出各产品每年在各市场的盈利空间。

具体操作方法为：将产品字段拖放到列区域，将年份、市场字段拖放到行区域，将毛利字段拖放到值区域，系统自动按产品与市场算出每年毛利的平均值，将平均值保留两位小数，计算结果如图 3-22 所示。

求和项:毛利		产品				
年份	市场	P1	P2	P3	P4	总计
⊟第二年	本地	32.49	38.93	47.42	46.77	40.17
	区域	38.20	40.34	51.32	48.73	44.08
第二年 汇总		35.22	39.53	49.40	47.75	42.01
⊟第三年	本地	36.92	38.22	48.20	58.72	43.25
	区域	31.24	48.38	51.81	48.65	44.33
	国内	34.65	41.13	48.20	50.67	43.04
第三年 汇总		34.32	42.15	49.47	52.18	43.54
⊟第四年	本地	34.33	41.48	50.66	53.15	44.36
	区域	38.68	44.51	48.81	59.47	46.97
	国内	31.07	41.48	50.66	63.68	46.33
	亚洲	29.98	46.04	52.52	53.14	45.20
第四年 汇总		33.77	43.46	50.51	56.95	45.72
⊟第五年	本地	36.19	49.45	56.34	69.18	52.93
	区域	34.11	40.63	49.06	62.44	45.90
	国内	27.87	40.62	41.80	53.43	41.88
	亚洲	26.83	40.63	58.15	69.17	48.72
	国际	35.16	37.68	49.06	53.44	43.39
第五年 汇总		32.28	42.05	50.61	61.05	46.47
⊟第六年	本地	34.27	40.73	49.93	64.54	47.05
	区域	33.23	43.52	49.93	69.13	49.99
	国内	29.06	32.41	48.05	71.42	46.02
	亚洲	30.10	43.51	57.42	62.26	49.53
	国际	31.14	33.80	46.17	53.09	41.10
第六年 汇总		31.62	38.65	50.62	64.49	46.90
总计		33.04	41.05	50.29	60.04	45.64

图 3-22　产品、年份、市场维度毛利分析

注：当数据透视表中的数据过多时，可以通过工具栏"开始"选项卡中的"样式"组，单击"条件格式"，选择"新建规则"，将排名靠前或高于平均值的毛利标示为红色，方便查阅。

分析结果显示：第二年利润最高的产品，是区域的 P3，其次是区域的 P4；第三年利润最高的是本地的 P4，其次是区域的 P3。依据这个分析结果，可以看到每年的利润最高点，企业可根据毛利的高低布局生产线，制定企业经营战略，以获取最大利润。

三、企业经营战略

企业经营战略是企业为实现其经营目标，谋求长期发展而做出的带有全局性的经营管理计划。企业经营战略是决定企业经营活动成败的关键因素，大家要经营好一个企业，需要制定科学合理、切实可行的企业经营战略。企业经营战略的制定，既受外部环境的影响，也受内部条件的制约。

（一）总体战略

1．总经理工作艺术

总经理是企业的灵魂。销售总监、生产总监、采购总监、财务总监协助总经理开展工作，他们是总经理大脑与手脚的延伸。由于企业运营非常复杂，只依靠总经理一个人，工作将无法开展，因此其他岗位才有了存在的价值。总经理有决策权，其他岗位直接对总经理负责。一个合格的总经理不能做拍脑袋式决策，需要通过大量的分析，基于数据做决策，数据来源于各岗位的计算。在沙盘推演过程中，如果总经理无法指挥各岗位协调工作，建议企业尽快更换总经理。

个人优秀不等于团队优秀。在沙盘推演过程中，经常出现总经理能力非常强，什么都能自

己干，其他员工因无法参与到经营活动中，渐渐脱离团队的情况，这样的总经理是不合格的。在企业经营过程中，总经理不能只顾着自己努力，需要调动每一个员工的积极性，共同进步，形成合力，最终实现团队优秀。因此，总经理要明白每个员工强大才是整体强大。总经理在提高自己能力的时候，有责任帮助和引导其他员工跟上节奏。

总经理必须做好内部控制。所谓内部控制，其本质就是通过制度对人进行规范化管理。内部控制做好了，各岗位的就会各司其职，形成一个战斗的集体。对企业来说，组织生产是生产岗位要做的事情；什么时候交什么货，是销售岗位的事情；如何保证资金不断流，是财务岗位的事情；总经理必须制定各岗位工作职责，理顺各岗位工作流程，明确各岗位工作边界，努力提高各岗位的工作能力。没有各岗位执行力的保障，再好的战略都不可能得到执行。

总经理必须把精力放在战略层面。一个人的精力毕竟是有限的，总经理必须培养自己的大局观，关注企业外部宏观变化与企业内部人、财、物的流动趋势。总经理如果把精力过多放在部分细节上，往往会忽略掉大方向，这是不对的。总经理要有胸怀和胆识，不用担心员工做不好，工作分配下去，员工自然会想办法解决。如果什么事情都要总经理亲力亲为，那么员工就没有锻炼的机会，不可能成长起来。

2．提高企业利润的途径

在企业沙盘推演中，企业以在六年经营过程中，获取所有者权益最大化为目标。企业在经营过程中，需要均衡发展，制定合理的采购、生产、销售、财务方案，以销售驱动生产与采购，不断提高企业利润。

企业要提高企业利润，需要理解利润的来源以及利润与费用和成本的关系。在需求旺盛的市场环境下，企业可以通过扩大市场范围、进行品牌认证、合理的广告投入来不断开拓市场，通过研发新产品、增加新生产线、改进生产装置等来不断提高产能，最终实现促进销售、提高企业利润的目的。销售额变大了，虽然各种成本费用相应变大，但净利润相应也会一样变化，如图3-23所示。

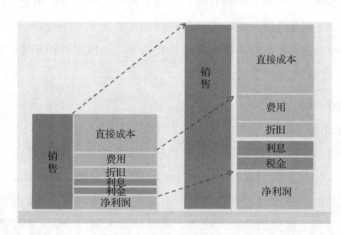

图 3-23　利润与销售的关系

在市场需求减少、市场竞争激烈、产品销售量维持不变的情况下，企业提高利润需要依靠精细化经营。企业可通过降低原材料费用、降低加工费用、优化生产组织来不断缩减生产经营的直接成本，通过减少广告投入、租金、设备维护费、利息、贴息、税金等费用，降低企业经营的可变成本，将生产主力集中在收益大的市场与盈利大的产品组合上，最终降低成本、增加毛利，实现企业利润的最大化，如图 3-24 所示。

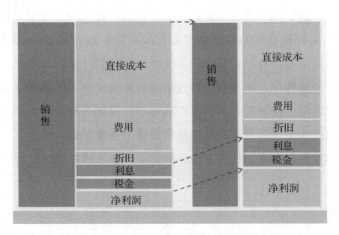

图 3-24　利润与成本费用的关系

3．企业战略

企业战略因人而异，而且与性格相关，目标不同，战略不同。

（1）霸王战略。此战略的目标是获得第一名，风险与机会并存，是一种市场领导者战略。这种战略永远追逐毛利最高的产品与市场，生产线安装速度快，广告力度大。它要求团队有非常高的默契度，反应迅速，领导人工作能力强，对竞争对手心态分析透彻，对市场的走向具有前瞻性。例如，企业以 4 条柔性线开局，第二年生产完 P3 产品后，全部转产生产 P4，以后将生产线全部建设成柔性线，如果最高毛利在多个产品中摇摆，企业会通过全线转产进行产品跟随，通过高额广告费的投入获取市场最优的销售订单，同时阻击其他小组。霸王战略非常害怕战略雷同，俗话说，一山不容二虎，当多家企业使用同一种霸王战略时，往往会出现围剿搏杀、成王败寇的现象。

（2）跟随战略。即跟随市场领导者，始终与其保持在第一梯队。市场领导者怎么做，企业就怎么做。该战略的好处是，企业不需要承担风险，只需要做好企业内部控制就可以了。类似肯德基的战略，麦当劳店铺开到哪里，肯德基就在哪里开店，保持一样的产品线、一样的服务。再如竞走，只要始终跟随第一名，当第一名违规被裁判罚下时，你自然就成了第一名。

（3）回避战略。此战略的目标并不是获得第一名，而是保持中等水平，使企业不破产，能活下来就可以。在该战略下，企业完全避开利润最高的 P3 与 P4 产品，将产品线定位在中低端的 P1 与 P2 产品上，生产排程简单，原材料采购简单，占用的流动资金很低，广告投入压力不大。有一年国赛，市场平均毛利空间只有 3700M，高端产品竞争非常惨烈。有一个学校采用回避战略，从头到尾一直生产 P1 产品，结果这个学校的排名竟然进入了前三，并最终获得了一等奖。

（4）博弈战略。这种战略基于企业现状，能快速适用外部市场变化。市场竞争与战争一样的残酷，在六年经营过程中，企业要充分利用博弈的思想，寻找生存与发展的机会。投放广告时，要考虑广告投入与回报的关系，同时还要考虑资金周转率，并不是说毛利最高净利润就会最高。要充分研究竞争对手的心态，当竞争过于激烈时，一方面保持竞争姿态迷惑对手，另一方面主动撤退到竞争相对较弱的市场。就好比在刘邦从汉中出兵攻打项羽时，大将军韩信故意明修栈道，迷惑对方，暗中则绕道奔袭陈仓，取得胜利。在经营过程中，企业要充分分析竞争对手的习惯、领导人的性格，做到知己知彼，百战不殆，而与对手沟通时，又要做到虚虚实实，迷惑竞争对手。

在某一年各高校的联赛中，某校在比赛开始前就放出风声，说他们今年只专注生产 P3 产品，不做其他产品。结果，比赛开始后，所有其他学校竟然全部避开生产 P3 产品，因此，该校顺利夺冠。究其原因，由于该校前几年的比赛成绩一直非常好，因此，听到他们只做 P3 产品的消息后，其他学校也就潜意识地避开与强队竞争。该学校在这场比赛中就充分利用了博弈战略。

（二）营销策略

1．市场开拓、ISO 认证策略

销售对于一个企业来说，至关重要，产品生产得再好，如果销售不出去，这个企业也一定破产。从这个角度可以解释，为什么很多企业的销售部门地位很高。

对于所有的市场，企业务必在第一时间全部进行开拓。因为，市场越多，销售机会越多，因此，企业务必在第一时间对所有市场进行开拓。由于市场开拓需要多年才能实现，如果企业在需要市场的时候才开始开拓，那么将无法及时进入该市场。如果在第一年只开拓本地和区域市场，从第二年开始才开拓国内、亚洲、国际市场，则根据规则，在第三年时，企业将无法在国内市场中获取销售订单，在第四年将无法在亚洲市场中获取销售订单，在第五年将无法在国际市场中获取销售订单。

对于 ISO 9000 与 ISO 14000，企业务必在第一时间全部投入。ISO 认证可以被理解为产品质量认证，产品质量是企业的第一生命线，ISO 认证对销售机会也有非常大的影响。当没有 ISO 认证证书时，企业对市场中的某些销售订单将没有资格获取，相当于获取销售订单的机会减少了。

2．产品组合策略

产品组合策略，主要是指企业在第一年开局时的产品选择，战略定位不同，目标不同，企业选择的组合不同。产品有 P1、P2、P3、P4 四种，可以随意组合，一般以卖完为原则，开局不宜全部研发，研发过多的产品，会导致广告费过于分散，广告总额偏高，广告额没有竞争力。对于新手，强烈建议，在第一年开局时只研发一个或两个产品。

P1 策略。这种策略适合不追求排名，员工工作能力不强，只为了防止破产的企业。企业专注生产 P1 产品，采购原材料的流程最简单，广告费很低，计算量最小，可以保证企业正常活下来，属于保守型策略。

P2 策略。这种策略适合追求中等排名的企业。该策略的原材料计算方式相对单一，对岗位协同要求偏低，广告费可以集中投放，属于保守型策略。

P3 策略。这种策略可以帮企业争夺前三。该策略的原材料计算方式相对单一，对岗位协同要求不高，资金周转压力略高，广告费可以集中投放，同时配合高广告策略，属于进攻型策略。

P4 策略。这种策略可以帮企业争夺前三。该策略的原材料计算方式相对单一，对岗位协同要求不高，资金周转压力很高，广告费可以集中投放，同时配合高广告策略，属于进攻型策略。

P3P4 组合策略。这种策略可以帮企业争夺前三。该策略的原材料计算方式比较复杂，对岗位协同要求很高，资金周转压力很高，广告费有选择投放，同时配合高广告策略，属于进攻型策略。

P2P3 或 P2P4 组合策略。这种策略适合追求中等偏上排名的企业。该策略的原材料计算方式比较复杂，对岗位协同要求较高，广告费有选择投放，中等广告即可，进可攻退可守。

P1P2 组合策略。这种组合策略类似于 P1 策略与 P2 策略。该策略的原材料计算方式相对简单，对岗位协同有一定要求，广告费可以有选择投放，中等偏低广告即可。属于保守型策略。

P1P2P3P4 组合策略。这种策略只适合宽松的市场，其目的是抢夺市场老大。其原理是企业在第一年申请满额的长期贷款，建设大量的生产线，并生产多种产品，并将所有产品全部集中在一个市场销售。企业由于销量最大，因此，获取市场老大的机会非常大。这种策略的原材料计算复杂，对岗位协同要求高，广告投放额度大，属于进攻型策略。

3．广告策略

企业要投放广告，必须先要搞清楚选单轮次的算法。规则规定，最低广告费为 5M，企业每多投放 10M 广告费，多一轮选单机会。例如，如果企业在单个地方的广告费投入为 33M，有几轮选单机会呢？根据规则：企业投入的广告费大于等于 5M，小于 15M，可参加第一轮选单；大于等于 15M，小于 25M，可参加第二轮选单；大于等于 25M，小于 35M，可参加第三轮选单。33M 大于 25M 小于 35M，所以企业有三轮选单机会。

在投放广告之前，企业需要进行供求关系的计算。一方面，要计算所生产产品的市场总需求量，另一方面，需要计算所有小组的总产能。如果供大于求，竞争一定激烈，供小于求，则竞争就会比较平和。

大家每次参加训练或比赛时，要养成收集广告的习惯，用于分析对手的广告。每个周末，互联网上有很多自发的网赛，有的学校每次比赛完成后，都会把其他学校投放广告的数据进行保留，通过几年时间的累积，即可拥有大量数据进行大数据分析。

对于广告的投放，财务与销售必须配合默契。广告费投放的目的是把企业生产的产品全部卖出，卖价越高越好，回款期越短越好，交货期越长越好。广告费越高，销售的概率越大。但是，在保证卖完的前提下，企业要尽可能节约广告费，由于广告费属于费用，节约的广告费都会变成利润。财务岗位务必保证广告费支出，如果广告费保证不了，其他地方做得再好都没有意义。销售岗位必须在确保能卖完的情况下，尽可能节约广告费。

由于选单时，系统根据广告额大小进行排序，所以，企业只投入保证最低选单轮次的广告，一定会排在队列的最后面。企业应根据市场容量大小以及企业自身产品生产情况投放广告。

根据广告额度大小，广告策略分为高广告策略、中等广告策略、低广告策略。

高广告策略。比较适合订单较少的市场。P3、P4 高端产品一般销售订单偏少，有的企业想以第一的身份抢夺好的销售订单，在单个地方投放 70M 以上的广告费非常正常。竞争激烈的时候，投放 50M 的广告费拿不到单的情况也时有发生。因此，为了保证广告投入，企业有时会舍弃对一些市场的投放，将资金全部集中在一个地方。

中等广告策略。属于一种跟随策略，能节约广告费。在竞争过程中，企业只追求广告费在队列中排名靠前即可，不追求第一，使产品卖完即可，不刻意追求好的价格、交货期、应收账期。

低广告策略。比较适合销售订单较多的市场。当供大于求时，每个企业都可以选到单，此时，可以采用低广告策略。特别是 P1、P2 低端产品，由于利润较低，进入的企业偏少，所以销售订单相对比较多。企业投放最低广告费，都可以获取到策略订单。或者说，当选单轮次超过一轮时，企业因最低的广告费虽然在第一轮时排在最后，但相对第二轮而言，是排在第二轮第一名的前面。

根据广告投放的集中度，广告策略又可分为广告分散策略与广告集中策略。

广告分散策略。比较适合宽松的市场。指在多个市场或多个产品中分别投放广告。一种情况就是用低广告分散在多个产品多个市场中投放，当资金比较紧张，产能比较低时，企业基本不参与竞争，依靠分散投广告，捡取多余的订单活着。另一种情况是，企业将广告在一个市场的多个产品中分散投放，其目的是抢夺市场老大。例如，第一年长期贷款 2100M 满贷开局，建 8 条全自动线或柔性线，生产 P1、P2、P3、P4 所有产品，然后第二年集中在本地或区域卖出，以保证在某一个市场销售额最高。

广告集中策略。特别适合竞争激烈的市场，一般与高广告策略配合使用。由于广告总额有限，为保证在竞争激烈的市场中获得订单，企业宁可在一个地方不投放广告，而将广告费集到另一个地方投放，以保证在另一个地方能获取到销售订单。例如，企业在两个地方分别打 30M 的广告，则排名都可能在最后，都没有选单机会，但是若在一个地方完全不打广告，而在另一个地方集中投入 60M 的广告，那企业在后者的排名很有可能靠前，如此拿到销售订单的机会就大大增加了。

4．选单策略

在订货会的选单过程中，企业最重要的是保证产品能全部卖完，在能卖完的前提下，单价越高越好，应收账期越短越好，交货期越长越好。

企业可以将有应收账期的销售订单按贴现后的单价与应收账期为 0 的销售订单单价进行比价。例如，一张 P3 销售订单，交货期为 4 季，应收账期为 2 季，单价为 100M，另一张 P3 销售订单，交货期为 4 季，应收账期为 0 季，单价 95M。如果考虑全部贴现，那么，第一张订单实际到账只有 90M，比较后可以看出，第二张订单比较好。如果财务总监能做到只贴现一半以下，那么，实际到账高于 95M，这时，第一张订单比较好。

选单时，企业一定要考虑每一季下线产品的数量，特别是当年第一次下线的产品数量，最好使销售订单上的产品数量与计划下线产品数量一致，这样，回款最快，资金周转率最高。销售订单上的数量过大时，就算单价高，企业也不要轻易选取，因为，这样的销售订单，需要多个季度的产出进行叠加，才能交货，会比与产能匹配的订单晚交货，晚交货就意味着晚回款，最终就会降低资金周转率。

在选单过程中，为保证选单顺利进行，团队成员必须密切配合，分工协作。一人关注选单队列与倒计时，并完成选单操作；一人做好选单决策、确认、监督工作；一人做好选单结果的记录，即时反馈订单缺口。

5．交货策略

在交货时，企业首先要注意交货顺序，在保证能正常交货的前提下，可以适当由财务调整交货顺序，以获得更优的回款效果。其次，当出现产品库存小于订单交货数量时，企业可以考虑紧急采购产成品或违约，虽然紧急采购会使企业亏损，但只要其他产品的卖出毛利超过亏损，就应该紧急采购。最后，当出现产品库存小于订单交货数量时，企业还可通过增加手工线，紧急采购原材料进行生产。

（三）融资策略

融资的途径有长期贷款、短期贷款、民间贷款、应收账款贴现。其中民间贷款仅在企业面临破产时供教师救市时使用，其他三种融资方式各有利弊，可以组合使用。其中，短期贷款由于利率最低，为优先考虑方案，其次是长期贷款，虽然长期贷款的利率与应收账款 1、2 账期的贴现率相同，但长期贷款的利息在第二年才产生，对当年的所有者权益不会产生影响，应收账款贴息在当年产生，会降低当年的所有者权益。

1．长期贷款策略

第一年或第二年将长期贷款额度用完，申请贷款时，企业将长期贷款金额按 3 年、4 年、5 年分解，以降低长期贷款利息，后期逐渐转换为短期贷款。经验不足的选手，可以直接申请 5 年贷款。此种贷款方法适合重资产开局。例如，在第一年购买厂房，将资金主要投入生产线建设，建设八条生产线，这比较适合宽松的市场，企业在前三年没有还款的压力。缺点是每年利息非常高，企业后期还款压力非常大，需要在第二年与第三年以高姿态抢夺市场，获取尽可能多的利润，为还款做准备。如果在第二年或第三年产品没有正常卖完，所有者权益不能快速提高，企业会因资金链断裂而破产。

2．短期贷款策略

短期贷款策略即将贷款额度分四份平均分配到四季的短期贷款中，进行滚动贷款。例如，企业每季都固定申请 300M 的贷款，那么，每年就获得了 1200M 的流动资金，其中，300M 用于每季的还款，900M 可长期用于企业经营。此策略的优点是利息最少，财务费用最低，后期没有还款压力。缺点是开始贷款后，每年的所有者权益必须保持上升趋势，以保证贷款额度逐年变大，新的贷款足够归还下期到期贷款。企业申请贷款时，中间不能断档，尽量平均分配贷款，保持贷款的平滑性，否则，会因资金链断裂而破产。

3．长期贷款与短期贷款结合策略

此策略结合了长期贷款的优点与短期贷款的优点。具体方法为，将贷款额度平均分为五份，其中一份用于长期贷款，四份用于四季的短期贷款。此策略既降低了财务费用，也使企业还款没有压力。相对于短期贷款策略而言，该策略下的利息略有偏高，但资金的流动性更好。相对于长期贷款策略，其资金的流动额度略低，利息几乎降低一半，使企业没有还款压力。强烈推荐采用此策略作为首选融资方案。

财务总监在进行贷款额度计算时，要充分利用利息计算时四舍五入的特点。

举例计算：假设系统参数设置为长、短期贷款的可贷款总额不能超过上一年所有者权益的 3 倍，长期贷款的利率为 10%，短期贷款的利率为 5%。第三年年末所有者权益为 1241M，第四年在盘面上看到未还的长期贷款有 3 年期 294M，4 年期 340M，短期贷款每季为 329M，如果采用平均分配贷款的方法计算贷款，那么长、短期贷款的贷款额度应该如何计算呢？

理论上我们可以将贷款额度分为 5 等份，将其中 4 份放入短期贷款进行循环贷款，1 份放入长期贷款作为短期贷款循环的周转资金。

第一种算法，先扣除未还的长期贷款，再将其分为 5 等分。计算方法如下。

可贷金额：1241×3=3723（M）

扣除未还长期贷款：3723-294-340=3089（M）

分为 5 等份：3089/5=617.8（M）

向下寻找最优的短期贷款值，得到：609（十位数为双数，个位数为 9）

计算长期贷款：3089-609×4=653（M）

向下寻找最优的长期贷款，得到：650M[294+340+650=1284（M），未还长期贷款之和的个位数为 4]

计算得到的最终结果为：长期贷款 650M，短期贷款 609M。

第二种算法，先分为 5 等份，再扣除未还的长期贷款。计算方法如下。

可贷金额：1241×3=3723（M）

分为 5 等份：3723/5=744.6（M）

向下寻找最优的短期贷款值，得到：729M（十位数为双数，个位数为 9）

计算长期贷款：3723-729×4=807（M）

扣除未还长期贷款：807-294-340=173（M）

向下寻找最优的长期贷款，得到：170（M）[294+340+170=804（M），未还长期贷款之和的个位数为 4]

计算得到的值最终为：长期贷款 170M，短期贷款 729M。

通过以上算法得到的值都只是一个参考值，企业需要根据现金流的情况进行调整。如果当年第一季、第二季缺资金，第三季、第四季有结余，企业可以适当减少短期贷款，增加长期贷款，反之相反。企业对每一笔贷款还需要进行仔细调整，做到不让借的钱一直到归还时还躺在账面上，白白产生利息。

4．应收账款贴现策略

当无法获取贷款额度时，资金流动性不足，这时，企业就需要通过应收账款贴现来增加资金的流动性。应收账款贴现时，注意以下几个问题。

（1）注意计算贴息时只舍不入的规则。根据贴现率的不同，找出贴现金额的最优值规律。

（2）将应收账期长的应收账款贴现，反而更有利于降低财务费用。有时会出现一种情况，企业每季都将1账期的应收账款贴现，会导致每季都在贴现。反其道而行之，将最长的第四季应收账款进行贴现，反而可以保证前面的应收账款顺利到期。虽然第四季贴息较高，但减少了后期贴现的次数，整体贴现费用反而降低。

（3）将购买的厂房进行"买转租"，再将应收账款贴现，或进行"厂房贴现"，也是融资的一种途径。当使用长期贷款开局时，由于前期资金流足，为降低费用，企业会选择购买厂房，不用支付租金。当后期需要流动资金时，企业可以将厂房进行"买转租"，将厂房价值变为4个账期的应收账款，然后再将应收账款贴现。当然，也可以随时通过"厂房贴现"功能直接变为现金。

（四）生产策略

1. 厂房组合策略

沙盘经营规则中约定，厂房类型有大厂房、中厂房、小厂房，企业可买可租。企业对厂房可以租赁转购买，或购买转租赁，可以变卖或退租厂房。但厂房类型不能变更。厂房组合策略主要考虑两个问题。

（1）厂房到底是租赁合适还是购买合适呢？一般情况下，当采用短期贷款为主开局时，企业流动资金比较少，一定要租厂房；当采用长期贷款开局时，流动资金比较多，可以买厂房。企业可否申请短期贷款购买厂房呢，可以做一下计算，厂房价格为400M，短期贷款的利息为5%，购买厂房节约当年的租金为40M，相当于节约了10%，但第二年需要将厂房贴现，贴息利率为12.5%，所以，12.5%-（10%-5%），可以得出，亏损7.5%。其优点是第一年所有者权益会提高40M，贷款额度会提高120M，但不建议新人使用。

（2）使用大厂房合适还是小厂房合适呢？由于厂房类型不能变更，已获取的厂房不可以从由小升到大，由大变到小，虽然企业可以将厂房变卖或退租，但需要变卖生产线后再重新安装生产线，周期很长，得不偿失。因此，建议企业根据第六年最终想要安装多少条生产线这个目标来组合厂房。例如，若企业想安装14条生产线，建议按"大大大小"进行组合，如果想安装12条生产线，建议按"小小大大"进行组合，如果想安装16条生产线，建议按"大大大大"进行组合。

2. 生产线组合策略

生产线类型有手工线、半自动线、全自动线、柔性线。其中，半自动线属于鸡肋，基本不用考虑。手工线的优点是价格低、安装快、机动性好、维护费用高、折旧费用低，缺点是生产周期长、产能低、无加分项。全自动线的优点是生产周期短、产能高，有加分项，缺点是安装周期较长、价格较高、机动差、维护费用高、折旧费用较高。柔性线的优点是生产周期短、产能高、加分项最高、机动性好，缺点是安装周期最长、价格最高、维护费用高、折旧费用最高。

生产线的组合，与市场需求量有很大关系。当市场需求量很大时，企业的重心为产能最大化，这时，可全部选择全自动线，或者采用以全自动线为主，柔性线为辅的组合。当需求量降低时，为了增加获取销售订单的机会，企业需要增加生产线的机动性，相对增加柔性线，相对减少自动线，甚至全部变为柔性线。当需求量继续降低时，需要减少柔性线，增加手工线，保持机动性，降低产能。需求量很低时，只能全部以手工线开局。

生产线开始安装的时间点也很重要。以全自动线生产 P2 为例，最优为第一季建成，当年可产出 3 个产品；其次为第二季建成，当年可产出 2 个产品；再次为第三季建成，当年可产出 1 个产品；绝对不要在第四季建成，具体原因如下。一方面，在第四季建成，虽然下一年可以多生产一个产品，毛利为 40M（70-30），但企业在第一年没有收入，且需要额外支付 20M 的设备维护费用，在第二年还需要扣除 30M 的折旧费，费用大于毛利，明显不划算。另一方面，支付的 20M 设备维护费用会使第一年所有者权益降低 20M，导致第二年贷款额度减少 60M，资金流动性降低。

3．原材料储备策略

原材料的库存数量会直接影响生产线的上线生产，为了提高销售概率，增强生产线的机动性，方便转产，采购总监应该适当增加采购订货数量，以增加原材料储备，避免紧急采购。企业转产的可能性越多，需要的原材料储备数量越多，资金压力越大。

企业充分利用原材料采购数量与应付账款的关系，将原材料的采购数量集中采购，反而可将原材料的付款时间推迟。

第四章 沙盘推演操作技巧

第一节 功能概述

一、功能介绍

学生模拟的各企业的经营过程，主要通过"ERP 沙盘辅助教学系统"完成。"ERP 沙盘辅助教学系统"客户端，可完成广告业务、选单业务、采购业务、生产业务、销售业务以及财务核算等业务。功能模块主要包括公司注册、年初业务、季度业务、年末业务以及其他业务。

公司注册模块主要完成公司的工商注册操作。主要包括公司名称核查、编写公司章程、办理营业执照、税务报到等。

年初业务模块主要完成一个年度的初始工作。主要包括投放广告、参加订货会、参加竞单会、支付税费、更新长期贷款、申请长期贷款等。

季度业务模块主要完成四个季度内的日常工作。主要包括更新短期贷款、申请短期贷款、应付账款更新、更新生产进度、建设完工、更新转产进度、更新订单、下原材料订单、增加厂房、新建生产线、续建生产线、生产线转产、变卖生产线、上线生产、应收账款更新、按订单交货、产品研发、支付行政管理费、厂房变更、厂房租金结算、领取生产资格证书等。

年末业务模块主要完成一个年度结束时的工作。主要包括计提设备维护费、计提折旧、市场开拓、领取市场准入证、产品认证、领取 ISO 认证证书、违约扣款、计提所得税、损益结转、结账等。

其他业务模块主要完成一个年度内可随意进行的操作。主要包括厂房贴现、紧急采购与销售、应收账款贴现、市场老大查询、申请民间贷款、广告费明细、订单信息、刷新、撤销操作、组间交易等。

二、操作流程

企业经营模拟操作流程分年初、每季、年末三个环节，具体操作流程如图 4-1 所示。其中，灰色功能只能操作一次，白色功能可反复操作。

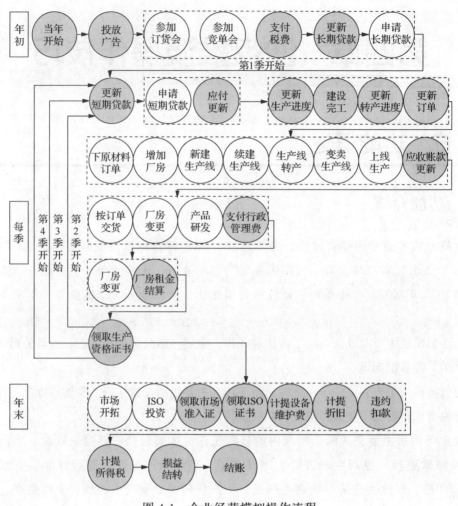

图 4-1　企业经营模拟操作流程

第二节　启动与注册

一、窗口启动

（一）下载

软件通过网站在线运行，也可以通过客户端直接在本地运行。请配置好 NET4.0 以上环境，在线运行前需要准备好 IE 浏览器。

➢　操作方法

打开 IE 浏览器，在地址栏内输入服务器地址后，出现图 4-2 所示的界面。单击"运行"按钮，按提示下载文件后，出现登录窗口。

➢　友情提示

（1）运行软件必须使用 IE 浏览器，且需要 NET4.0 及以上环境。

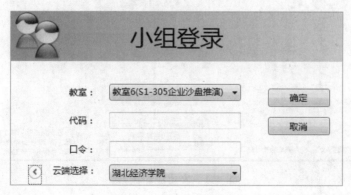

ERP沙盘辅助教学系统（版本号：**2.0.0.8**）

解放教师，让教师只专注于点评

1. 完美兼容手工沙盘，可同步操作，方便自我纠错，解放教师
2. 提供订单生成器，订单自动生成，规则随意定义，教学场景随意变化
3. 模拟企业数量达100组，一个课堂可实现500人同时教学，方便合班开课
4. 支持多课堂同时开课，多个教师可在同一时间登录系统，各自使用各自的管理端，相互不干扰，完全独立
5. 电子盘面显示直观，会计恒等式布局，即时查看报表，可查询每一个科目的明细账
6. 每步操作都自动生成会计凭证
7. 操作步骤小组可自由撤销，方便修正低级错误，教师控制撤销权限
8. 教师可根据教学需要给企业补单和注资，防止企业破产，影响课程进度
9. 支持大屏幕显示，显示字号可调，自动刷新小组操作进度与广告投放情况，无须反复单击
10. 三层结构设计，支持互联网运行

教师请单击这里进入管理端

本系统免费使用，目前提供10个教室，如果需要使用某一教室,请加入QQ群：

测试教室小组代码分别为:1、2、3、4、5、6，口令对应为1、2、3、4、5、6
请不要修改密码！！！！

win8系统可直接运行，其他系统需安装.NET 4，请使用IE浏览器。

[运行]

图 4-2 "ERP 沙盘辅助教学系统"客户端入口界面

（2）下载过程中如有防火墙拦截或系统安全拦截，请允许通过。

（3）可与笔者联系获取最新客户端，摆脱对 IE 浏览器的依赖。

（二）操作员登录

各小组通过登录窗口登录指定教室，界面如图 4-3 所示。

图 4-3 操作员登录

界面说明如下。

（1）云端选择：支持互联网多服务器无限扩展，单击 ⟨ 可切换显示/隐藏"云端选择"下拉列表，在下拉列表里选择云端服务器。

（2）教室：每个服务器支持多个教室同时开课，经营数据相互独立，互不干扰。

（3）代码：根据教师分配的小组代码输入。当小组数量小于 10 时，输入 1 位数，如 1～9，当小组数量为 10～99 时，输入两位数 01、02，依次类推。

（4）口令：口令与小组代码相同，登录后可以修改，管理员也可以修改口令和小组代码。

➢ 操作方法

单击左下角的 ❮ 图标，弹出云端选择下拉列表，在下拉列表里选择正确的云端，选择需要进入的教室，录入小组代码和口令，单击"确定"按钮，完成登录操作。

➢ 友情提示

（1）系统会自动记录最近一次成功登录的云端与教室，下次登录时会自动选择上一次的云端与教室，用户只需要填写小组代码与口令即可完成登录。

（2）各小组的代码由教师分配，各小组必须在教师完成系统设置并初始化小组后，才能登录。

（3）如果是第一次登录，登录成功后，系统会自动打开公司注册界面，如果不是第一次登录，且已完成了公司注册，则系统会跳过公司注册环节，自动进入主窗口。

二、公司注册

公司注册需经过公司名称核查、编写公司章程、办理营业执照、刻章、银行开户、税务报到、社保开户等环节。本功能模拟新公司简易注册流程，按图 4-4 所示流程完成所有操作即完成公司注册。

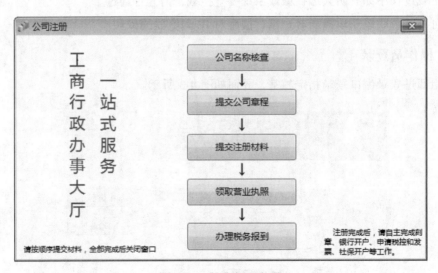

图 4-4　公司注册流程

➢ 操作方法

（1）公司名称核查。填写企业名称预先核准申请书，简易界面如图 4-5（a）所示，修改默认值，完成后单击"提交"按钮。

（2）提交公司章程。系统自动生成简易章程，如图 4-5（b）所示，单击"提交"按钮即可。

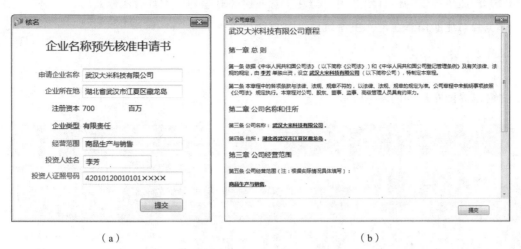

| （a） | （b） |

图 4-5　公司名称与公司章程

（3）提交注册材料。系统自动获取企业名称等基本信息，如图 4-6（a）所示，核对无误后，单击"提交"按钮即可。

（4）领取营业执照。系统自动生成虚拟的营业执照，如图 4-6（b）所示，单击"领取"按钮，获得营业执照。

（5）办理税务报到。核对税务报到信息，如图 4-6（c）所示，确认无误后，单击"提交"按钮，此时系统自动关闭注册窗口，打开小组主窗口。

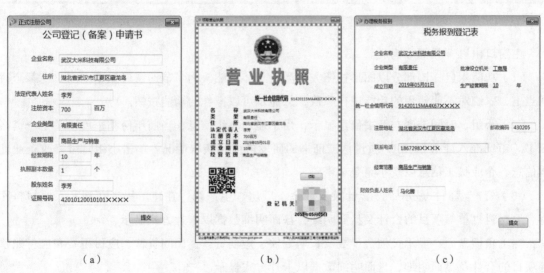

| （a） | （b） | （c） |

图 4-6　公司登记、营业执照与税务报到

➢　友情提示

（1）操作时，如果计算机界面中项目显示为蓝色，表示内容可修改。

（2）一个小组多人操作时，只有一人的操作有效，注册完成后，其他人登录后即自动进入主窗口。

（3）注册资本由教师在管理端参数中进行控制，小组注册时不能修改。

（4）营业执照仅为仿真示意图，与真实营业执照有差异，不具有法律效力。

（5）公司注册信息在进入主窗口后，可重新设置并完善。

三、主窗口介绍

主窗口界面布局如图 4-7 所示。

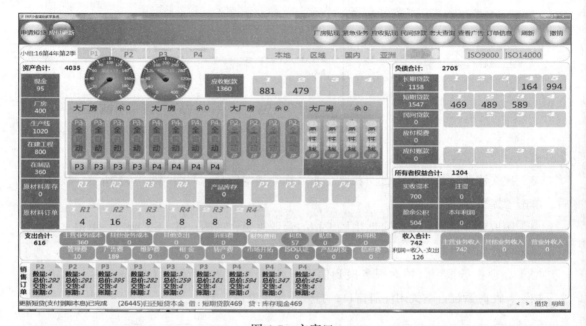

图 4-7　主窗口

主窗口由以下几部分构成。

（1）功能入口：该部分以图形按钮方式激活具体功能。为了节约窗口显示空间，在某个时间点上，系统对不能使用的功能进行隐藏，只显示可以操作的功能按钮。

（2）小组、时间进度与证书信息显示：用于显示小组信息、当前年份和季度以及生产资格证书、市场准入证书和 ISO 质量认证证书的研发进度和获取情况。单击小组时可修改企业基本信息、企业员工信息以及小组登录密码。

（3）资产盘面：显示资产合计数及现金、厂房、生产线、在建工程、在制品、原材料库存、原材料订单等项目的合计及盘面明细，盘面明细数据以卡片方式显示。

（4）负债盘面：显示负债合计数及长期贷款、短期贷款、民间贷款、应付税费和应付账款等项目的合计及盘面明细，盘面明细数据以卡片方式显示。

（5）所有者权益盘面：显示所有者权益合计及实收资本、注资、盈余公积、本年利润的合计及盘面明细，盘面明细数据以卡片方式显示。

（6）支出盘面：显示支出合计及管理费、广告费、维护费、租金、转产费、市场开拓、ISO 认证、产品研发、信息费、折旧费、利息、贴息和所得税等合计数。

（7）收入盘面：显示收入合计及主营业务收入、其他业务收入和营业外收入合计数，另外，额外显示利润合计数（等于收入-支出）。

（8）销售订单：显示没有成交且没有违约的销售订单，所有销售订单以卡片方式显示。其他订单可通过"订单信息"功能查看。

（9）操作结果提示：显示进行每一步操作时的财务变化，可以在借贷显示方式/收付显示方式/增减显示方式之间进行显示切换，能翻看历史财务变化数据，查询每一次操作所形成的会计业务凭证，可以从会计的角度查看企业资金形态的变化。

（10）明细账：单击右下角"明细"按钮可查询各科目明细流水。

（11）仪表盘：系统将现金的变化和所有者权益的变化通过仪表盘显示，可在管理端设置显示内容和方式。

➢ 操作方法

（1）设置企业基本信息、员工信息、修改登录口令。可单击小组或小组号，打开设置企业信息窗口（见图4-8）。在此窗口中可设置企业信息、员工信息、登录口令。

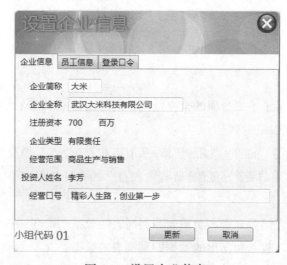

图 4-8 设置企业信息

（2）使用流程性功能。功能入口左边的按钮为流程性功能按钮。单击功能按钮可进行具体操作，具体功能如图 4-1 所示，其中，白色功能按钮可反复单击，灰色功能按钮只能单击一次，完成后系统会切换下一组功能按钮。

（3）使用常用功能。功能入口右边的按钮为常用功能按钮，可在企业经营过程中反复使用。具体的功能有：厂房贴现、紧急业务、应收贴现、民间贷款、老大查询、查看广告、订单信息、刷新、撤销。

（4）查询凭证。单击操作结果提示行，可弹出窗口，显示会计凭证的具体内容。

（5）明细账查询。用于查询某科目的明细账。可通过明细账查询功能对历史经营记录，从财务的角度进行查询，并可导出为 Excel 文件，进行财务分析。具体操作方法为，单击右下角的"明细"，打开明细账查询窗口，如图4-9所示。

在此窗口中，可以查看所有科目的明细账，如选择"库存现金"，可查看现金流水账。单击"导出"按钮，可将查询结果生成 Excel 文件。

图 4-9　明细账查询

> 友情提示

（1）主窗口中既显示了手工盘面的全部数据，同时还显示了隐含的数据。隐含数据主要是所有者权益区域和收入区域的数据。

（2）主窗口中引入了"资产+费用=负债+所有者权益+收入"的会计动态恒等式，月末损益结转完成后，又会体现"资产=负债+所有者权益"的会计静态恒等式，主窗口中的数据处于永远平衡状态。

（3）在主窗口中能直接看到资产负债表和利润表的数据。资产、负债和所有者权益三项数据即资产负债表的数据，收入和支出的数据即利润表的数据。

（4）以卡片方式代替表格显示数据，简洁直观。

（5）在仪表盘中动态显示现金和权益的即时变化，更让人印象深刻。

（6）为防止其他小组以本小组的身份登录系统，建议进入系统后，在第一时间修改口令。

（7）为方便教师统计成绩，请在企业信息中按岗位录入真实姓名。

（8）教师可通过教师管理端查看各小组经营主窗口。

第三节　年初业务

一、当年开始

每年伊始，各小组都需要单击"当年开始"按钮，开始年初的操作。单击此按钮后无弹出窗口。教学过程中一般进行 6 年的模拟经营，具体经营年数由教师控制，可超过 6 年，也可短于 6 年。

➢ 操作方法

单击"当年开始"按钮，即可完成操作，无弹出窗口。

➢ 友情提示

（1）具体经营年数一定要在开始经营之前与教师沟通清楚，经营的年数不同，使用的企业经营战略会有所不同。

（2）广告投入后，在订货会开始前，可撤销回到当年开始前状态，重新投放广告。

二、投放广告

各小组通过投放广告功能按市场和产品投放广告。如果初始盘面没有给小组设定市场，那么各小组只能从第二年开始投放广告。当年开始后，单击"投放广告"按钮，打开图 4-10 所示的窗口。

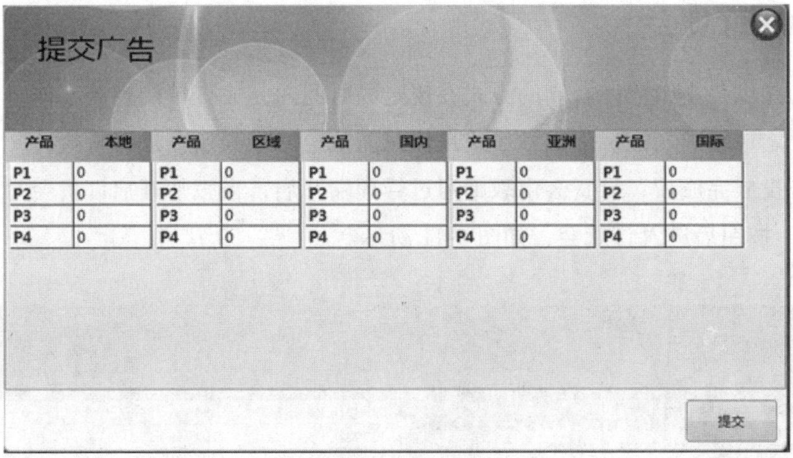

图 4-10 提交广告

投放广告是企业参加订货会的必需前提，但企业只能在研发完成的市场投放广告，只要产品理论上在本年可以研发完成，都可以投放广告。广告提交之后，系统立即扣除现金用于支付广告费用。广告只能投放一次，一旦投放，企业只能查看广告，不允许修改，无法再次提交。

广告费额度的大小由销售总监确定，销售总监在确定广告费额度时，要做好间谍工作（查看其他小组的研发情况、生产线情况、产能、可用资金，还要分析销售人员的性格），了解自己企业的产能，同时还要分析市场销售订单的预测情况，综合做出决定。此工作应在投放广告之前完成。

投放广告时，企业应注意查看一下"最小得单广告额"，教学时默认为 5M，低于"最小得单广告额"的企业将不参与排名，无法参与选单。

广告费的财务核算业务为：现金减少，广告费增加。

➢ 操作方法

在对应市场的产品处录入相应额度的广告费，提交即可。

69

> 友情提示

（1）只能填写大于0的整数，只允许一次性操作，提交后"提交"按钮变成灰色，不能再次提交。

（2）填写过程中出现红色框时，表示有错误，按"Esc"键取消之后可以重新录入。

（3）当教师允许撤销时，企业投完广告，发现广告有错误的，可撤销一次，修改后重新提交。

（4）广告投完后，企业注意查看并核对一下盘面下方的广告费总额是否正确。

（5）没有获取市场准入证书的市场不会显示。如果提交广告界面显示为空，表示上年没有开拓市场。

（6）本年内不能获取生产资格证书的产品不会显示。

（7）初始化盘面如果没有市场准入证，则企业在第一年年初不能打广告、参加订货会。

三、参加订货会

订货会功能供各小组以回合制的方式在规定的时间内完成订单的挑选工作。如果初始盘面没有给小组设定市场准入证，那么各小组最快只能从第二年开始参加订货会。

小组广告投放完成后，订货会由教师通过管理端开启，当教师开启订货会时，各小组单击"参加订货会"按钮后进入订货会，如图4-11所示。

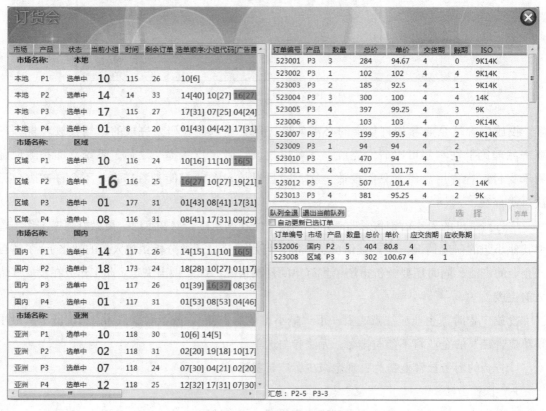

图4-11　订货会

在选单过程中，各小组通过回合制选单，每次只能选择一张单。系统根据所有小组的广告投放情况和上一年的经营情况以及上一年市场老大情况对选单的顺序进行排名。在某个市场或针对某产品，系统根据排名顺序指定当前选单小组。该小组必须在规定时间内做出选择，如果放弃选单，将不能参与下一轮选单。选单轮次由系统的参数控制，具体的选单轮次算法为：（广告额-最小广告额）/广告基数+1，计算结果只舍不入。市场老大同样也需要进行选单轮次计算。

界面的左边为各市场与产品的选择队列明细，包括市场、产品、状态、当前小组、时间、剩余订单等。

界面的右上方为当前所选队列可供选择的销售订单，由订单编号、产品、数量、总价、单价、交货期、账期和 ISO 证书资格等要素组成。各小组只有获得了相应的 ISO 认证证书，才能选择有 ISO 认证要求的订单。

界面的右下方为当前小组已获取的订单明细。"自动更新已选订单"方便一个小组多人同时选单。最下面显示已选订单合计数。

界面的右中部为操作区，可完成选单、弃单、退出当前队列、队列全退操作。

> 操作方法

（1）查看订单：单击左边的某一队列，在可供选择的销售订单中查看订单。

（2）选择订单：当某队列的当前小组为本小组时（以红色显示），该小组可单击此队列，在可供选择的销售订单中选择订单，再单击"选择"按钮，使订单出现在下方。

（3）弃单：如果正在选择订单时，不想选，小组可单击"弃单"按钮，放弃选单机会，放弃后将退出该队列，不再参加本队列的选单。

（4）退出当前队列：在当前队列中不是本小组选单，并且以后不再需要选单时，该小组可单击"退出当前队列"按钮，退出当前队列，以方便其他小组选单。

（5）队列全退：小组在所有队列中都不再需要选单时，可单击"队列全退"按钮，退出全部队列，这有利于节约选单时间。

> 友情提示

（1）选单时多市场多产品同开，请注意查看当前选单小组是否为本小组，当前选单小组为本小组时系统以红色显示，不是本小组时以蓝色显示。选单顺序队列中的当前小组以绿色背景色显示。

（2）在选单顺序队列中可以看到选单排名和广告费（在中括号内），建议各小组在刚刚出现队列时，进行拍照或截屏，为后面投放广告提供参考。

（3）请在规定时间内选择一个订单，然后单击"选择"按钮。

（4）各小组不需要订单时，单击"弃单"按钮，如果不再选单，请及时退出当前队列，节约选单时间。

（5）请各小组注意抓紧选单时间，如果倒计时结束，系统将自动"弃单"，并使小组退出当前选单队列。建议安排专人注意倒计时时间。

（6）选单队列的宽度可以调整。当小组较多时，可以将队列宽度调宽。

（7）一个小组可打开多台计算机，分别关注不同的市场，同时进行选单。

四、参加竞单会

竞单会功能供各小组以自行报价的形式模拟竞标。如果初始盘面没有给小组设定市场，那么各小组从第二年开始才有可能参与竞单环节。竞单会是订货会的补充。因此，竞单会不是每年都有，教师只有在事先定义了竞单数据明细时，才能开竞单会，在没有竞单数据明细的年份，无法开启竞单会。竞单会一般在第三年～第六年由教师根据市场竞争激烈程度有选择地开启。

各小组不需要事先投放广告即可参与竞单会。教师通过管理端开启竞单会后，各小组单击"参加竞单会"按钮后即可进入图 4-12 所示的窗口。

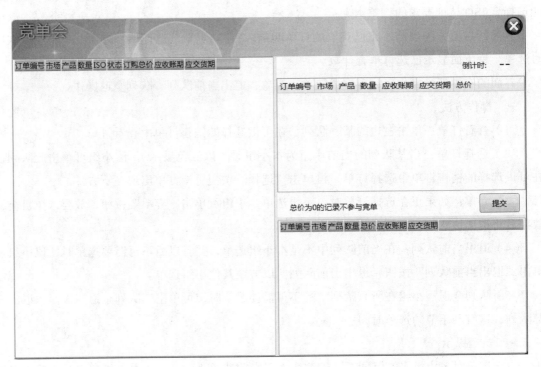

图 4-12　竞单会

窗口的左边为各市场与产品竞价订单明细，包含已发放或未发放的所有竞价订单，内容包括订单编号、市场、产品、数量、ISO、状态、订购总价、应收账期、应交货期。

窗口的右上方显示的为当前正在竞价的订单，显示内容包括订单编号、市场、产品、数量、应收账期、应交货期、总价。

窗口的右下方为当前小组已获取的订单明细。

窗口的右中部为操作区，在倒计时时间内，各小组可提交竞标数据。

在竞单过程中，系统根据参数依次放出一定数量的竞价订单，各小组在规定时间内填写竞价订单上的交货期、账期、总价，提交给系统后，系统进行综合得分计算。交货期越短，分数越高；账期越长，分数越高；总价越低，分数越高。具体公式为：综合得分=100+（5-交货期）×2+账期-8×总价/（该产品直接成本×数量），得分最高的小组获得订单。如果计算的分数相同，则先提交的小组中标，中标后小组需支付中标费。

竞单会中支付中标费的财务核算内容为：现金减少，广告费增加。

➤ 操作方法

（1）查看订单：在窗口的左边，可查看各订单的成交情况。

（2）订单报价：在窗口右上方所示的竞价订单中，填写应收账期、应交货期、总价，单击"提交"按钮即可，对不参与投标的订单总价填写0。

➤ 友情提示

（1）请在规定时间内完成报价。

（2）在报价过程中，需要有相应市场、ISO认证的资质。

（3）交货期只能填写1～4，账期只能填写0～4，最高价格不能超过成本价的3倍，最低不能低于成本价。

（4）现金少于当前竞价订单数量×单位标书费时，禁止投标。

（5）一年来，某小组竞得的订单张数不能大于各小组平均张数的3倍。

（6）一个小组只能用一台计算机竞标，其他计算机可用于同步查看竞单信息。

（7）报价过程中，注意分析对手获取的订单情况以及资金情况，可以低价拦截对手，或高价偷袭。

（8）如果你不积极参与投标，可能会让对手以最高价格获得订单。

五、支付税费

"支付税费"即支付上年产生的企业所得税税额。支付税费时，各小组应减少应付税费，并同时减少现金。税费由"计提所得税"功能在上一年损益结转前计提。

支付税费的财务核算内容为：应付税费减少，现金减少。

➤ 操作方法

单击"支付税费"按钮后系统自动完成相应操作，无操作界面。

➤ 友情提示

（1）各小组可以在主窗口的负债项目中的应付税费栏目中查看上年计提的税额。

（2）当上一年的盈利弥补前五年亏损后还有盈利时，各小组则需要计提上一年的企业所得税。税费于下一年年初一次性用现金支付。

六、更新长期贷款

在主窗口的负债项目中，长期贷款栏目显示各账期没有还清的长期贷款的金额与总额，账期的计量单位为"年"，图例如图4-13所示。

图4-13　长期贷款

"长期贷款"在更新长期贷款时将贷款期数从高向低移动，每年更新一次。各小组更新长期贷款时支付利息并归还本金（如果到期）后，才可以申请贷款，即先还后贷。

长期贷款每年可申请一次，最长贷款年限默认为 5 年，利息满一年支付一次，利息按四舍五入的方式取整，到期后各小组支付最后一期的利息并归还全部本金，未到期时不能提前归还本金。贷款额度受上一年所有者权益的影响，长期贷款的贷款年限、贷款利率、贷款额度上限的计算方法等由教师在管理端设置。

具体内容为：各小组以所有未归还的贷款额为基数，按系统参数计算并支付利息，将现有贷款的贷款年数减少一年，对到期的贷款归还本金并清除负债。为防止先贷后还，各小组需要先完成"更新长期贷款"操作，再"申请长期贷款"。

更新长期贷款的财务核算内容为：支付利息时，现金减少，利息增加。归还本金时，现金减少，长期贷款减少。

➤ 操作方法

单击"更新长期贷款"按钮后，系统自动完成减少贷款年数、支付利息和归还本金这三个动作，无弹出窗口。

➤ 友情提示

（1）计算利息的方式为四舍五入，各小组在申请长期贷款时，要巧妙利用该计算方式确定贷款额度。

（2）利息是基于未归还长期贷款总额计算的，而不是按每次的贷款额单独计算的。

（3）要充分考虑长期贷款利息、短期贷款利息、贴息三者之间的差异。

七、申请长期贷款

申请长期贷款指向银行申请长期贷款。单击"申请长贷"后，出现的窗口如图 4-14 所示。

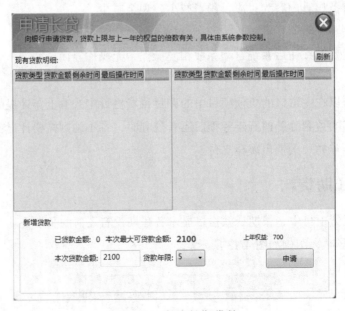

图 4-14　申请长期贷款

系统给出了本次最大可贷款金额和上年权益，以供参考。申请时，各小组需提供本次贷款金额和贷款年数。贷款金额的限制为：未归还的贷款合计数不能超过上一年权益的 N 倍，倍数由教师通过系统参数控制，一般为 2 倍或 3 倍，长、短期贷款是否合并计算由教师通过系统参数控制。贷款申请后，各小组现金和应付长期贷款将增加，满一年支付一次利息，当年不会产生利息，以后每年需支付一次利息，到期归还本金。

申请长期贷款的财务核算内容为：现金增加，长期贷款增加。

➤ 操作方法

在"本次贷款金额"中填写贷款金额，在"贷款年限"下拉列表中选择年限，再单击"申请"按钮，完成操作。

➤ 友情提示

（1）影响本次申请贷款额度的因素有：上一年的权益、未归还的贷款。

（2）申请长期贷款的当年不需要支付利息，利息从下一年开始支付。

（3）在进入下一操作环节之前，各小组可反复进行申请长期贷款操作，贷款金额将叠加。

第四节　季度业务

一、当季开始

年初操作完成后，各小组每季都需要单击"当季开始"按钮，开始当季操作，此按钮无弹出窗口。

➤ 操作方法

只需要单击"当季开始"按钮，即可完成操作。

➤ 友情提示

（1）年初业务完成后，开始处理季度业务。

（2）一年共有 4 季，季为最小时间单位。4 季即为 4 个期间，通俗理解即为 4 次轮回，在每一季，小组需要完成规定的经营活动。

（3）当季开始后，在下一季开始前，各小组可撤销回到当季开始前状态。

二、更新短期贷款

更新短期贷款功能用于更新短期贷款与民间贷款，包括减少短期贷款与民间贷款的贷款期数、支付利息和归还本金三个动作。具体内容为：将现有贷款的贷款期数减少一季，对到期的贷款按系统参数计算并支付利息，归还本金并清除负债。

系统为防止各小组先贷后还，要求各小组在完成"更新短期贷款"操作后，再"申请短期贷款"。

主窗口中分别显示各账期没有还清的短期贷款、民间贷款的金额与总额，账期的计量单位为"季"，图例如图 4-15 所示。

图 4-15　短期贷款与民间贷款

短期贷款每季可申请一次，民间贷款可随时申请，贷款期限固定为 4 季，利息满 4 季时一次性支付，按四舍五入的方式取整，未到期时各小组不能提前归还本金。短期贷款的贷款额度受上一年所有者权益的影响，具体的短期贷款利率、贷款额度上限计算方法等由教师在管理端设置。民间贷款额度不受限制。

更新短期贷款时，系统将短期贷款、民间贷款的贷款期数从高向低移动，减少到期剩余期数，每季更新一次，在更新短期贷款过程中并不是所有的贷款利息都要支付，只有更新前剩余期数为 1 的贷款需要支付利息。

更新短期贷款的财务核算内容为：支付利息时，现金减少，利息增加。归还本金时，现金减少，短期贷款减少。

➢ 操作方法

单击"更新短期贷款"按钮后，系统自动完成减少贷款期数、支付利息和归还本金这三个动作，无弹出窗口。

➢ 友情提示

（1）计算利息的方式为四舍五入，申请短期贷款时，各小组要巧妙利用该计算方式确定贷款额度。

（2）利息是基于当前即将到期的单个期间的贷款金额计算的，而不是贷款总额。

（3）要充分思考长期贷款利息、短期贷款利息、贴息三者之间的差异。

三、申请短期贷款

各小组向银行申请短期贷款时，单击"申请短贷"后出现的窗口如图 4-16 所示。

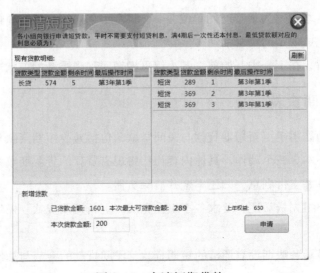

图 4-16　申请短期贷款

其中，系统给出了本次最大可贷款金额和上年权益，以供参考。申请时，各小组需提供本次贷款金额，短期贷款期限固定为 4 季，无须录入。对贷款金额的限制为：未归还的贷款合计数不能超过上一年权益的 N 倍，倍数由教师通过系统参数控制，一般为 2 倍或 3 倍，长、短期贷款是否合并计算由教师通过系统参数控制。贷款申请后，各小组现金和应付短期贷款将增加，满 4 季时支付利息，并归还本金。

申请短期贷的财务核算内容为：现金增加，短期贷款增加。

> ➢ 操作方法

在"本次贷款金额"中填写贷款金额后，单击"申请"按钮，完成操作。

> ➢ 友情提示

（1）影响本次贷款额度的因素有：上一年权益、未归还的贷款。

（2）申请短期贷款的当年不需要支付利息，利息在下一年支付。

（3）在进入下一操作环节之前，各小组可反复进行申请短期贷款操作，贷款金额将叠加。

（4）申请短期贷款时，各小组要注意短期贷款额度的平滑性，充分利用滚动贷款的优势，充分利用四舍五入的特性。

四、应付账款更新

在主窗口的负债类项目中，应付账款栏目显示各账期应付账款的余额与应付总额，应付账款形成的主要原因为原材料批量采购、组间交易。应付账款共有 4 个账期，系统通过 4 个色块显示每个账期的应付账款余额，左边显示应付账款合计数。账期的单位为"季"，图例如图 4-17 所示。

图 4-17　应付账款

更新应付账款时，各小组将每账期的应付账款的期数从高向低移动，如此所有的应付账款到期期数减少一期。当期数为 0 时，应付账款消失，现金减少。应付账款每季更新一次，更新时不会产生费用。

应付账款最大账期为 4，当更新应付账款时，应付账款上各账期的余额会向左边移动，4 账期的余额会移动到 3 账期上，3 账期的余额会移动到 2 账期上，2 账期的余额会移动到 1 账期上，1 账期的余额会冲减现金，导致现金减少。

应付账款更新的财务核算内容为：当应付账款到期时，应付账款减少，现金减少。其他未到期的应付账款不会产生凭证。

> ➢ 操作方法

单击"应付更新"按钮后，系统自动完成应付账款账期的更新和归还应付账款两个动作，无弹出窗口。

> ➢ 友情提示

各小组务必要保证在更新应付账款之前，现金余额足以支付应付账款，否则，系统会给出错误提示，操作无法成功。

五、更新生产进度

更新生产进度功能用于自动更新生产周期。在主窗口的资产类项目中，厂房区域显示厂房以及厂房内生产线信息，描述厂房、生产线的建设与生产状态。产品库存区域显示各产品的库存情况。图例如图 4-18 所示。

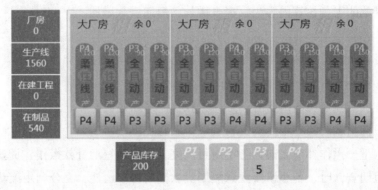

图 4-18　厂房、生产线与产品库存

图 4-18 中涵盖了以下内容。

（1）厂房。厂房是指生产所需的物理空间，用于安装生产线。每一个大卡片表示一个厂房，厂房内可以安装生产线。厂房状态包括厂房数量、厂房名称、厂房性质（购买/租赁）、可供安装生产线的空位数量。厂房卡片通过"买"和"租"显示厂房的性质，当各小组通过购买获取厂房时，卡片上会显示"买"字；当通过租赁获取厂房时，卡片上会显示"租"字。购买的厂房价值之和在左边的厂房卡片中显示。

（2）生产线。生产线指生产产品的设备。生产线安装于厂房之中，不同类型的厂房，可安装的生产线的数量不同，当厂房中有空位时，各小组可以安装生产线。厂房内一个长条形卡片示 1 条生产线。内容包括生产线名称、生产线可生产的产品、生产线状态、生产线周期、生产线进度、生产线净值等。

生产线名称由各小组在第一次安装生产线时根据生产线的类型确定。生产线可生产的产品在第一次安装时确定，各小组可通过转产功能修改可生产的产品名称。

生产线状态分别为"产""闲""建""转"。其中，"产"表示正在生产，"闲"表示生产线空闲，"建"表示生产线正在建设，"转"表示生产线正在转产。

生产线周期用图 4-18 中的"圆"的数量表示，一个圆圈表示一个周期，生产线周期涵盖生产线的生产周期、安装周期或转产周期。当生产线的状态为"产"或"闲"时，圆圈的数量表示生产线生产产品时所需要的生产周期；当生产线的状态为"建"时，圆圈的数量表示生产线安装时所需要的安装周期；当生产线的状态为"转"时，圆圈的数量表示生产线转产时所需要的转产周期。

如果生产线周期所对应的"圆"被色块覆盖，则表示生产线安装、生产、转产已发生了相应周期。

生产线净值用白色的数字表示，每次扣除折旧费时，生产线的净值将减少（特别注意：折旧费不会使现金减少，只是把生产线的价值降低了）。

在制品类型在生产线的下方。表示生产线正在生产的产品，达到生产周期产品入库，在制品类型显示为空白。

生产线的左边用三个卡片，分别显示已建成生产线的净值总额（生产线）、正在安装的生产线价值总额（在建工程）、生产线上在制品价值总额（在制品）。

（3）产品库存。系统以卡片的方式显示仓库内各产成品的库存数量，左边显示所有产成品的价值，产成品的价值以产品的直接成本计算而来（所消耗的原材料价值与所支付的人工费之和）。

具体业务逻辑为：更新生产进度时，各小组将已上线产品的生产周期增加一期，当产品的生产周期超过生产线的生产周期时，表示产品已完工，此时，各小组将生产线上的产品下线并移入产成品库。

更新生产进度的财务核算内容为：完工入库时，在制品减少，产成品库存增加。其他环节不会产生凭证。

➢　操作方法

单击"更新生产进度"按钮后，系统自动完成对已上线生产线的继续生产和完工入库两个动作，无弹出窗口。

➢　友情提示

（1）更新生产进度时不需要支付费用。

（2）线上有产品时，不能上线生产。所下原材料订单货到付款，无退货行为。

（3）在主窗口中，买的厂房与租的厂房的显示颜色略有差异。

（4）在制品没有入库，目前不能销售。

（5）各小组可以通过"租转买""买转租""厂房贴现"功能实现厂房性质的变化。

（6）厂房价值不会降低，不参与折旧计算，生产线参与折旧计算。

（7）厂房内若没有生产线，则可以卖出或退租。

（8）已折旧完的生产线不报废，可继续生产，以后不再提折旧费。

六、建设完工

建设完工功能用于对正在建设生产线的安装周期进行自动检查，将已建设好的生产线状态转成可以生产的状态。

当为生产线支付安装费用的次数已达到建设周期的要求时，系统将生产线改成可以生产的状态（即由"建设"状态变为"空闲"状态），将此生产线的全部建设资金转成生产线的净值，并刷新主窗口生产线部分的显示信息。此功能必须在"上线生产""续建生产线"功能之前被使用，这样就可以保证生产线在被足期建设后才能上线生产。

建设完工的财务核算内容为：在建工程减少，生产线增加。

➢　操作方法

单击"建设完工"按钮后，系统自动检查生产线的建设周期，如果达到建设周期要求，则将生产线的状态转为可以生产的状态。此操作无弹出窗口。

> ➤ 友情提示

建设完工只是检查状态，并不会增加建设周期，在检查过程中不会产生费用。

七、更新转产进度

更新转产进度即完成对转产的生产线继续转产和转产完成两个动作。

具体业务逻辑为：将"转产"状态的生产线转产周期增加一期，当转产周期达到此生产线规定的周期时，将"转产"状态改成"空闲"状态，转产完成。更新转产进度后，主窗口中的生产线状态发生相应变化。不同生产线的转产周期不同。

更新转产进度不会产生资金形态变化，没有费用发生，不会产生凭证。

> ➤ 操作方法

单击"更新转产进度"按钮后，系统自动完成生产线继续转产和转产完成两个动作，无弹出窗口。

> ➤ 友情提示

（1）转产费用在生产线转产时支付，更新转产进度时各小组不再支付转产费。

（2）转产过程中，生产线处于停产状态，不能上线生产，生产线上没有在产品。

（3）转产完成后，生产线当季可上线生产产品。

八、更新订单

在主窗口的资产类项目中，原材料库存栏目显示各原材料在仓库里面的数量余额及其价值总额，系统以卡片的形式显示每个原材料的数量余额，在卡片的左边显示所有原材料的价值总额。原材料是生产产品时所需要的材料，只有在仓库里面的原材料才能被提供给生产线上线生产。各小组可通过下原材料订单、紧急采购或组间交易得到原材料，也可折价销售原材料，收回部分现金。原材料订单栏目显示各原材料订单的在途情况，系统以卡片的形式显示每一种原材料的在途数量以及到货周期。由于原材料订单采用货到付款的方式结算，其本身并不存在价值，所以在左边的价值处没有总额显示。原材料订单的到货周期计量单位为"季"，图例如图4-19所示。

图4-19　原材料库存与原材料订单

更新订单时，各小组将每个原材料的到货周期从高向低移动，如此所有的订单到货周期期数减少一期。当到货周期为0时，原材料到货，原材料进入原材料仓库，原材料订单数量为0，原材料库存数量与价值增加，同时现金减少或应付账款增加。原材料价值以正常的市场采购价格计算，并计入企业的资产。订单每季更新一次，更新时不会产生费用。

原材料的到货周期由管理端定义，不同原材料的到货周期可能不相同。

更新订单的财务核算内容为：当原材料到货时，原材料库存增加，现金减少或应付账款增加。其他未到货的订单不会产生凭证。采购到货数量与应付账期长短的关系按原材料类型分开确定，某一原材料到货数量越多，应付账期越长。

➤　操作方法

单击"更新订单"按钮后，系统自动完成订单到货期的更新和到期订单结算两个动作，无弹出窗口。

➤　友情提示

（1）务必保证在下订单之前，现金余额足以支付到期应付货款，否则，系统会给出错误提示，操作无法成功。

（2）所下原材料订单货到付款，无退货行为。

（3）当季到货的原材料当季可以上线领用。

（4）紧急采购原材料时，高于市场正常采购价格部分作为损失计入其他费用。

（5）各小组可通过组间交易获取原材料。组间交易时，买方与市场正常采购价格的差额作为损失计入其他费用，卖方的销售收入计入其他业务收入，并结转其他业务成本。

九、下原材料订单

小组根据自己的生产需要向原材料供应商下原材料订单，采购数量需要采购总监进行精确计算，功能界面如图 4-20 所示。

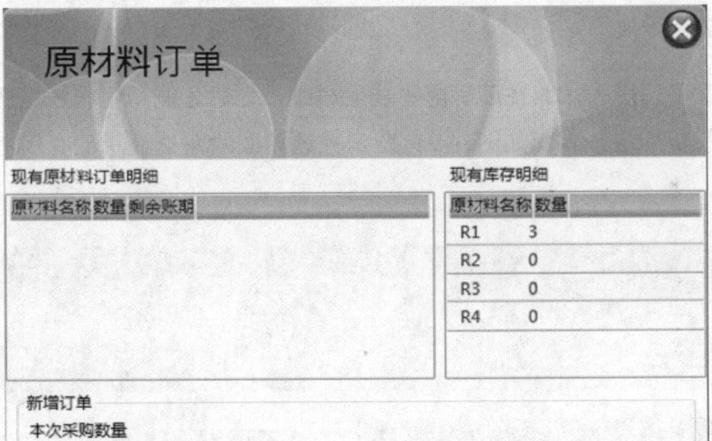

图 4-20　下原材料订单

小组在下原材料订单时，无须支付任何费用，运输费用由原材料供应商承担，原材料必须经过一定的运输周期才能到货，原材料订单的到货周期在原材料定义表中定义，采用货到付款的方式进行结算，到货时产品全部为合格品，不允许发生退货情况。

由于原材料在采购时有到货周期，因此，小组在需要原材料上线时，需要提前下原材料订单，以保证上线时原材料刚好到货，这样可以节约流动资金。

图 4-20 的左上方显示现有原材料订单明细，右上方显示现有库存明细，下方为新增订单录入区。

下原材料订单时，小组只需要确定原材料类型与采购数量，并不需要支付任何费用，也无原材料入库的动作发生，因此，不需要进行财务核算处理。

➢ 操作方法

小组在新增订单区填写各原材料采购数量，单击"提交"按钮后，窗口自动关闭，随后，主窗口的原材料订单处显示最新的各原材料订单。

➢ 友情提示

（1）采购数量只能为正整数。

（2）当采购数量处出现"红色方框"时，表示录入错误，此时，只需要按"Esc"键取消录入，再重新录入即可。

（3）原材料订货数量过多会在到货时占用资金，而原材料过少会导致上线生产时缺少原材料，此时小组只能通过紧急采购弥补。

（4）各小组通过下原材料订单功能，在更新应收账款之前，可反复追加订单，追加的数量会累加。

（5）当原材料订货数量达到一定基数时，到货结算将形成应付账款。

十、增加厂房

企业只有获取了厂房，才能在厂房内安装生产线，之后才能用生产线生产产品。增加厂房功能用于购买或租赁厂房，界面如图 4-21 所示。该界面的左边显示现有厂房明细，右边为增加厂房操作区。

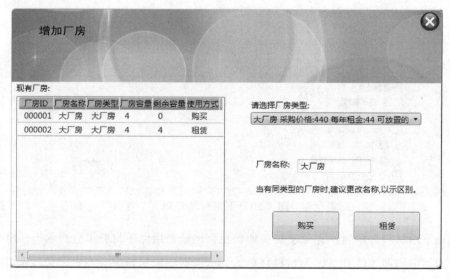

图 4-21 增加厂房

当系统要求先获取厂房时，小组通过此功能购买或租赁厂房，购买时直接支付现金，租赁厂房时，直接支付租金，租金有效期为 1 年（4 个季度）。如果是先使用后付费，就不需要使用此功能。厂房不计提折旧，厂房类型不能变更，厂房数量有一定限制。

当通过购买获取厂房时，系统会显示其购买价值并作为小组的资产看待。系统对通过租赁获取的厂房不会显示其价值，并将租金作为费用处理，租金的有效期为 4 季，满 4 季后如果小组不退租，系统将自动续租。厂房的名称在获取厂房时一次性设置，以后不能更改。

购买厂房时，现金变为厂房（是资金的形态变化），厂房仍然属于资产，并不会降低当年所有者权益，但是会占用现金，降低资金的流动性；租赁厂房时，现金变为租金，租金属于费用，会降低当年的所有者权益。相对于购买厂房而言，租赁厂房对资金的流动性影响较小。

增加厂房的财务核算内容为：购置厂房时，厂房增加，现金减少；租赁厂房时，租金增加，现金减少。

➢ 操作方法

当厂房数量没有达到上限值时，选择要增加的厂房类型，修改厂房名称，单击"购买"或"租赁"按钮，然后主窗口自动显示新增加的厂房。

➢ 友情提示

（1）厂房在每季都可以获取。

（2）购买的厂房作为企业的资产被处理，厂房价值不会降低，不计提折旧。

（3）购买的厂房为各小组所有，各小组以后不再需要支付费用。

（4）厂房的类型不能改变，即各小组不能将小厂房升级为大厂房，反之也不可以。

（5）购买的厂房可以通过"买转租""厂房贴现"等功能变为租赁的，租赁的厂房可通过"租转买"功能变为企业的资产。

（6）当厂房内没有生产线时，小组可以卖出厂房或退租厂房。

十一、新建生产线

新建生产线功能用于在指定的厂房安装生产线，并支付第一个周期的安装费。界面如图 4-22 所示。

界面上方为已有的生产线，下方为生产线增加区，可实现同类型生产线批量增加。

当增加生产线时，小组只能在某一个可用的厂房中选择生产线空位安装生产线，同时支付第一个周期的安装费用，并明确生产线准备生产的产品。先结算模式下，各小组只能将生产线安装在已购买或已租赁的厂房中；后结算模式下，各小组既可以将生产线安装在已购买或已租赁的厂房中，也可以安装在没有结算的厂房中。厂房的获取通过厂房管理功能模块实现。当厂房内没有生产线空位时，小组不能安装生产线。不同的厂房，可容纳的生产线容量不一样。当建设周期为 0 时，生产线可以立即上线生产。此功能只能用于支付生产线第一个周期的安装费用。

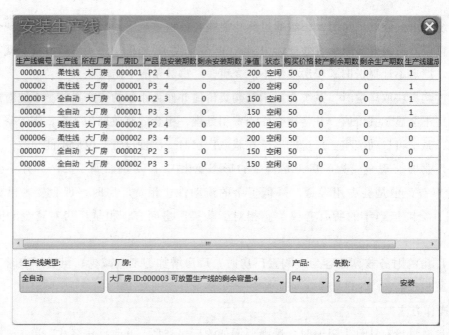

图 4-22　新建生产线

安装生产线时，主窗口会显示生产线的建设状态，系统将已投入的安装费全部归集到在建工程中（所有正在安装的生产线的价值之和），系统将其价值计入企业的资产，当生产线完成安装时，就将其转入到"生产线"这个固定资产项目中。

新建生产线的财务核算内容为：在建工程增加，现金减少。

➢　操作方法

选择生产线类型，选择有剩余容量的厂房，选择产品，选择安装条数，单击"安装"按钮即可。

➢　友情提示

（1）生产线每季都可以增加，在进入下一步功能操作之前，小组可增加生产线。

（2）各小组在开始安装生产线后，不能更换厂房。

（3）正在安装的生产线不能变卖。

（4）生产线必须经过规则中规定的安装周期后才可以用于生产产品。

（5）第一个周期安装通过"新建"完成，其他周期安装通过"续建"完成（特别注意：新手很容易忘记续建）。

（6）1 条生产线每季只能安装一次，安装可以中断，可不连续进行。

（7）生产线建成后，小组每年年末都需要支付固定的维护费，且从建成后的下一年开始计提折旧费。

十二、续建生产线

在生产线首次安装完成后，从下一周期开始，当新建的生产线需要继续安装时，小组通过续建生产线功能完成后续生产线的安装操作，界面如图 4-23 所示。

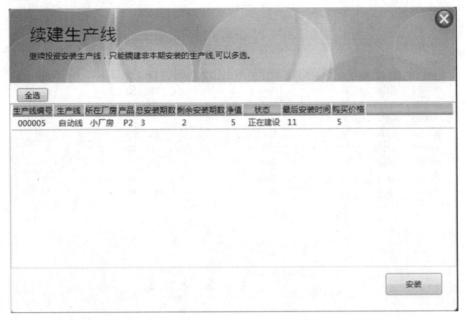

图 4-23　续建生产线

各小组可根据企业发展需要继续安装生产线，安装过程不需要连续。虽然对于在建的生产线来说，续建的费用是固定的，但需要由操作员来确定是否要续建，因此，续建生产线操作由各小组通过手工选择对象完成，不能由系统自动完成。

图 4-23 所示的界面主体为需要继续安装的生产线列表，各小组需要手工选择续建的对象。安装后，主窗口中会显示最新生产线的安装进度。

续建生产线的财务核算内容为：在建工程增加，现金减少。

➤ 操作方法

批量选择生产线，单击"安装"按钮即可。

➤ 友情提示

（1）生产线每季都可以增加，进入下一步功能操作之前，各小组可增加生产线。

（2）各小组可通过全选或逐个单击的方式，批量选择续建对象，一次性完成续建。

（3）在每次续建时，都需要支付安装费，安装费记入在建工程，最终会成为生产线的净值。

（4）如果生产线不续建，将永远停留在建设状态，无法用于生产产品。

十三、生产线转产

通过生产线转产功能，各小组可以改变生产线当前可以生产的产品。单击"生产线转产"后，出现的窗口如图 4-24 所示。

生产线转产是指完成生产线转产第一个周期的处理过程，由操作员选择转产对象和转产目标，转产过程连续进行，不能中断，后期的转产由"更新转产进度"自动完成，只有空闲的生产线才能转产。转产操作可批量完成。

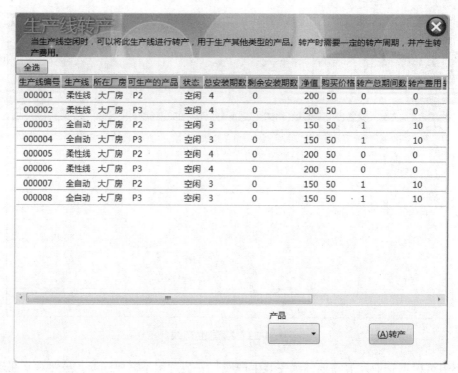

生产线转产

当生产线空闲时，可以将此生产线进行转产，用于生产其他类型的产品。转产时需要一定的转产周期，并产生转产费用。

全选

生产线编号	生产线	所在厂房	可生产的产品	状态	总安装期数	剩余安装期数	净值	购买价格	转产总期间数	转产费用
000001	柔性线	大厂房	P2	空闲	4	0	200	50	0	0
000002	柔性线	大厂房	P3	空闲	4	0	200	50	0	0
000003	全自动	大厂房	P2	空闲	3	0	150	50	1	10
000004	全自动	大厂房	P3	空闲	3	0	150	50	1	10
000005	柔性线	大厂房	P2	空闲	4	0	200	50	0	0
000006	柔性线	大厂房	P3	空闲	4	0	200	50	0	0
000007	全自动	大厂房	P2	空闲	3	0	150	50	1	10
000008	全自动	大厂房	P3	空闲	3	0	150	50	1	10

产品

(A)转产

图 4-24　生产线转产

生产线刚开始只能生产安装生产线时确定的产品，如果要生产其他的产品，各小组必须在生产线状态为"空闲"时，选择准备生产的产品，然后一次性支付转产费，使生产线进入"转产"状态。当生产线的转产周期为 0 时，生产线会立即转产完成，否则，各小组还需要通过"更新转产"功能继续转产。

转产周期为 0，表示此生产线可以随意转产，没有转产周期，各小组在进行生产线转产操作时，只需要修改生产线所对应的产品类型即可。当转产周期为 1 时，各小组在进行生产线转产操作过程中会支付转产费用，修改生产线状态，在下一季度通过更新转产进度处理完成转产业务。当转产周期大于 1 时，第一次转产通过生产线转产功能进行，其他周期的转产进度通过更新转产实现。

在企业经营过程中，各小组对具有转产周期的生产线不要轻易进行转产，因为转产时，一方面要支付转产费，另一方面，由于转产时不能生产，相当于停产，导致所卖产品数量减少，毛利相对减少。各小组在生产线布局时，就得考虑好转产的可能性，充分利用转产周期为 0 的生产线进行转产，而对有转产周期的生产线，原则上不再转产。

生产线转产的财务核算内容为：转产费增加，现金减少。

➢　操作方法

批量选择生产线，在产品处选择转产目标，单击"转产"按钮即可。

➢　友情提示

（1）生产线在生产过程中不能转产。

（2）转产费在转产时一次性全额支付，更新转产进度时各小组不再支付转产费。

（3）各小组可通过全选或逐个单击的方式，批量选择转产对象，一次性完成转产。

十四、变卖生产线

变卖生产线指将处于"空闲"状态的生产线卖出，获得部分现金。单击"生产线变卖"后出现的窗口如图 4-25 所示。

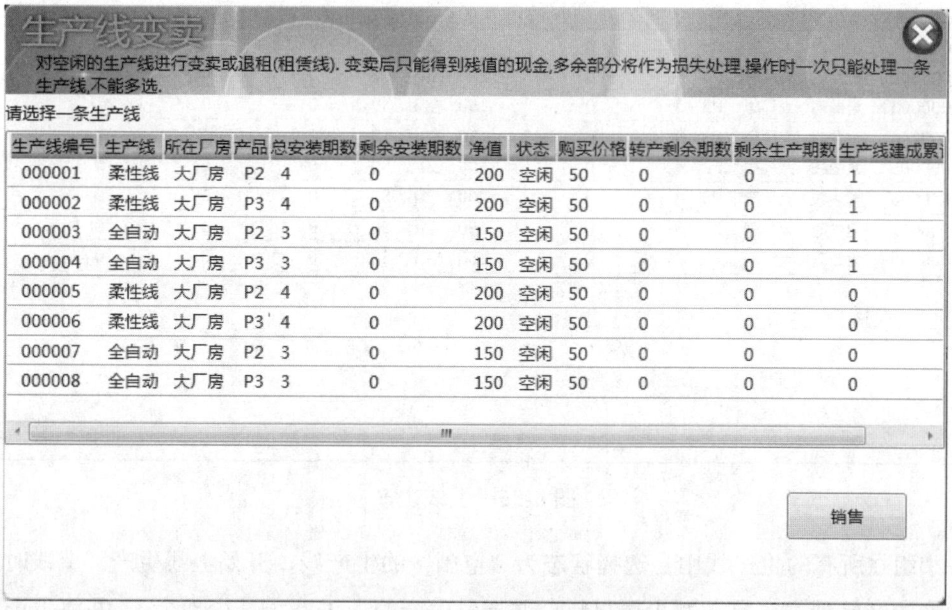

生产线变卖

对空闲的生产线进行变卖或退租(租赁线).变卖后只能得到残值的现金,多余部分将作为损失处理.操作时一次只能处理一条生产线,不能多选.

请选择一条生产线

生产线编号	生产线	所在厂房	产品	总安装期数	剩余安装期数	净值	状态	购买价格	转产剩余期数	剩余生产期数	生产线建成累
000001	柔性线	大厂房	P2	4	0	200	空闲	50	0	0	1
000002	柔性线	大厂房	P3	4	0	200	空闲	50	0	0	1
000003	全自动	大厂房	P2	3	0	150	空闲	50	0	0	1
000004	全自动	大厂房	P3	3	0	150	空闲	50	0	0	1
000005	柔性线	大厂房	P2	4	0	200	空闲	50	0	0	0
000006	柔性线	大厂房	P3	4	0	200	空闲	50	0	0	0
000007	全自动	大厂房	P2	3	0	150	空闲	50	0	0	0
000008	全自动	大厂房	P3	3	0	150	空闲	50	0	0	0

销售

图 4-25　变卖生产线

当变卖生产线时，生产线必须为"空闲"状态，当生产线上有产品时，各小组只能等到其下线后才能变卖。变卖后，小组获得生产线残值部分的现金，生产线净值与残值的差值自动作为费用部分的其他支出，即作为损失。此操作一般应在"产品上线"之后，"厂房变更"之前完成。

变卖生产线的目的一是更换生产线，给新生产线留出安装位置，二是增加现金。当生产线的净值不等于残值时，变卖生产线会降低本年度的所有者权益，变卖过程会引起生产线明细、资金流和厂房的变化，生产线记录被删除，厂房空位增加。

变卖生产线的财务核算内容为：现金增加，其他费用增加，生产线减少。

➤ 操作方法

选择 1 条空闲的生产线，单击"销售"按钮即可。

➤ 友情提示

（1）正在建设、正在转产、正在生产的生产线不能销售。

（2）不能批量选择，一次只能卖 1 条生产线，以防止误操作。

（3）生产线无论在什么时候变卖，都只能按残值变卖，小组直接获得残值对应的现金。

（4）当生产线折旧到只剩残值时，变卖生产线不会降低所有者权益。

十五、上线生产

上线生产即生产线开始生产产品。单击"上线生产"后，出现的窗口如图 4-26 所示。

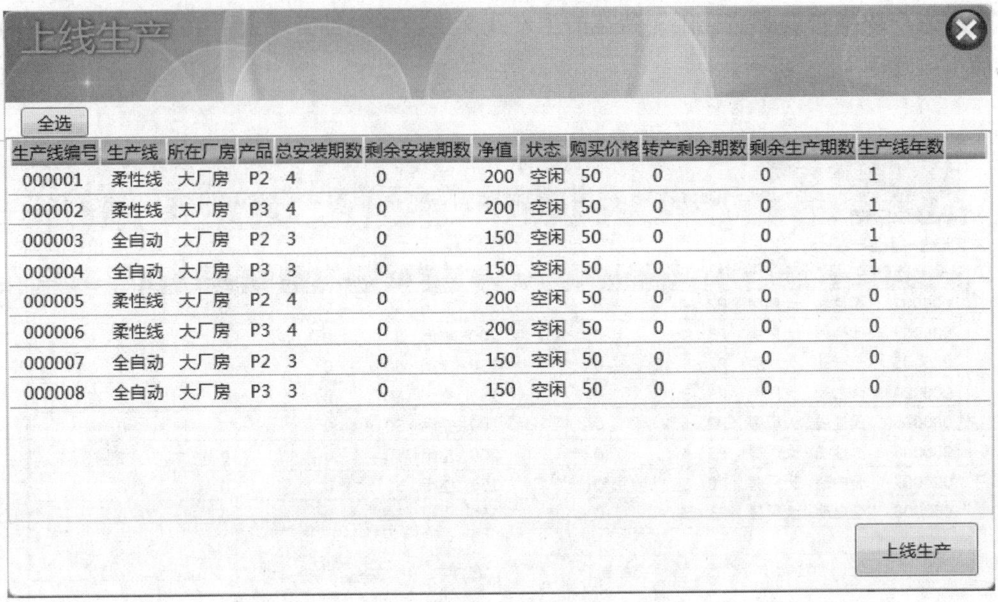

图 4-26　上线生产

各小组在所有的生产线中，选择状态为"空闲"的生产线，开始上线生产。上线时，系统根据生产的产品种类，自动减少原材料，并支付生产的人工费（减少现金），并将生产线状态改为"生产"。生产的产品不同，所需的原材料不同，人工费也不同。一个生产线只能等到产品下线后才能再生产产品，当生产线上有产品在生产时，其状态为"生产"，此时不能再生产产品。

生产是虚拟企业的核心业务，会消耗原材料和人工费，但销售产品后企业会有盈利。前期的增加厂房、新建生产线，还有研发、买原材料、贷款等一系列运作，都是为生产做准备的，各小组通过上线生产和更新生产进度，达到生产周期后，得到产成品，销售后才能提高所有者权益。操作时，操作员选择准备上线生产的空闲生产线（选择的生产线产品类型性质决定了可以上线的产品），上线生产时，系统自动调集原材料和人工费，形成在产品。原材料的种类与数量由产品构成决定，人工费在上线时一次性支付。此过程会引起物流与资金流的变化，也会使生产线状态与生产剩余周期发生改变。

上线生产后，主窗口的生产线状态由"空闲"变为"生产"，且生产线下方显示产品标识，生产线的在制品处显示正在生产线上生产的产品价值（直接成本）之和，其价值计入各小组的资产。直接成本等于直接材料加上直接人工。

生产线在一个生产周期内只能生产 1 个产品，不同生产线的生产周期可能不相同，上线后各小组无法中断生产，直到产品下线。

上线生产的财务核算内容为：原材料减少，现金减少，在制品增加。

> 操作方法

批量选择生产线，单击"上线生产"按钮即可。

> 友情提示

（1）当季建设完成，当季可上线生产。

（2）当季转产完成，当季可上线生产

（3）当季下线产品，当季可以上线生产。

（4）产品的直接成本按照上线时消耗的原材料与人工费核算，不是以市场上的销售价格核算的。

（5）当季到货的原材料当季可以生产领用。

（6）上线生产会减少现金。

（7）务必要先转产，再上线生产。

十六、应收账款更新

在主窗口的资产类项目中，应收账款栏目显示各账期应收账款的余额与应收总额，应收账款形成的主要原因有销售产品、组间交易和厂房买转租。应收账款共有 4 个账期，系统通过 4 个卡片显示每个账期的应收账款余额，左边显示应收账款合计数。账期的单位为"季"，图例如图 4-27 所示。

图 4-27　应收账款

更新应收时，各小组将每账期的应收账款期数从高向低移动，如此所有的应收账款到期的期数减少一期，当期数为 0 时，应收账款自动变为现金。应收账款每季更新一次，更新时不会产生费用。

应收账款的最大账期为 4，当更新应收账款时，应收账款上各账期的余额会向左边移动，4 账期的余额会移动到 3 账期上，3 账期的余额会移动到 2 账期上，2 账期的余额会移动到 1 账期上，1 账期的余额会消失并累加到现金处。

除了按正常周期移动将应收账款变成现金外，各小组还可以通过贴现的方法提前将未到期的应收账款变成现金。贴现时需要给银行立即支付贴息。贴现时账期不同，其贴息率也可能不同，具体由教师在管理端设置。贴息值按只入不舍向上取整的方式计算，直接从贴现的应收账款中扣除，剩余部分会累加到现金处。

应收账款更新的财务核算内容为：当应收账款到期时，应收账款减少，现金增加。其他未到期的应收账款不会产生凭证。

> 操作方法

单击"应收更新"按钮，系统就会自动完成应收账款账期的更新和应收账款到期后转为现金两个动作，单击后无弹出窗口。

> 友情提示

（1）各小组可通过贴现功能，将应收账款提前作为现金使用，只需要支付贴息即可。

（2）各小组要保证在更新应收账款之前资金不断流，如此更新应收账款时才有现金流入，之后才能进行销售产品的操作。

（3）在管理员定义操作流程时，此操作务必在销售产品和变卖厂房之前进行，否则存在逻辑错误。

十七、按订单交货

按订单交货即完成将产品按订单的要求交货的处理，界面如图 4-28 所示。

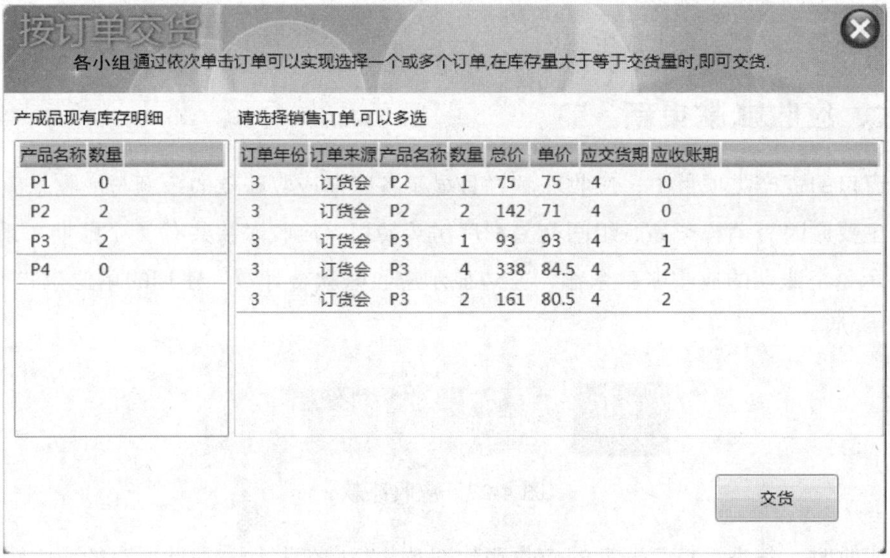

图 4-28　按订单交货

界面左边显示各产品的库存情况，右边显示销售订单，当产成品库中的产品数量大于等于某个销售订单要求的产品数量时，选择该订单，交货。交货时，各小组必须在销售订单约定的交货期内交付约定数量的产品，交货后自动获得相应账期的应收账款。如果销售订单中约定的账期为 0，小组会直接获得现金。按销售订单交货时，各小组必须在销售订单规定的应交货期内交货，如果在交货期内没有交货，即违约，系统将通过"违约扣款"功能对该订单进行违约处理。应收账款通过本节的"应收账款更新"功能以及第六节的"应收账款贴现"功能进行变现。

对违约订单的处理方式由教师在系统管理端控制。一个订单必须一次性交货完成，不能分解为多次。

销售订单通过参加订货会获取，各小组可以通过组间交易买入或卖出销售订单，教师可通过管理端对销售订单进行增减。

按订单交货的财务核算内容为：交货后确认收入，即应收账款或现金增加，主营业务收入增加；同时确认销售成本，即产成品库存减少，主营业务成本增加。

> 操作方法

批量选择销售订单，单击"交货"按钮即可。

> 友情提示

（1）优化交货顺序有利于应收账款的回款，可减少贴现，加快现金流速。

（2）各小组在选单时一定要考虑第一张订单或多张订单叠加的订货数量能否与产能完全匹配。能与产能完全匹配的订单可保证正常交货与及时回款，过大的销售订单可能需要多期产能的叠加才能交货，会导致交货推迟，回款推迟。

（3）如果库存小于订单上的销售数量，各小组一定要充分考虑违约与紧急采购的利弊，考虑对权益的影响。违约会使小组被扣违约金，被取消市场老大资格，但会把库存留下；紧急采购时需小组支付高出原采购成本的采购费用，但可以保证产品的正常销售。

（4）交货时系统将对订单上约定的交货期与当前经营时间进行比较检查，如果交货期小于小组当前经营所处的季度，说明订单已经过期，不能交货。

（5）当产品不够时，各小组可以通过紧急业务高价采购或通过组间交易获取。销售产品时，正常情况下只能通过销售订单进行销售，特殊情况下可通过紧急业务原价销售或通过组间交易卖给其他企业。

（6）订单交货完成以后，各小组不要再通过组间交易获取销售订单，因为对于获取的订单，小组由于无法交货，只能被系统按违约处理。

十八、产品研发

在生产线生产产品之前，各小组必须对相应产品进行研发，以获取产品的生产资格证书。界面如图 4-29 所示。

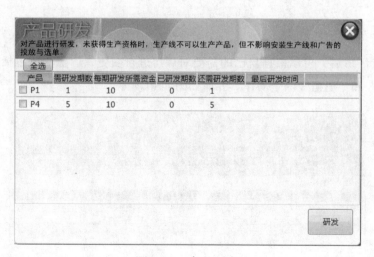

图 4-29　产品研发

各小组每季有一次产品研发机会，每次研发时需要支付一定的研发费用，达到研发周期后视为研发完成。研发费用不计入无形资产，而是作为一种费用列支，直接从现金中扣除。

开局时，研发的产品并不是越多越好，产品研发过多，会导致生产线过于分散，原材料采购过程复杂，单个产品的产能偏低，广告费分散，单个广告额偏低，总广告额偏高，市场没有竞争力。刚开始经营时，由于资金较少，建议各小组集中进行产品研发，只研发一到两个产品即可，等有一定实力后，再研发其他产品。

产品研发的财务核算内容为：现金减少，产品研发费增加。

➤ 操作方法

选择产品，单击"研发"功能按钮即可。

➤ 友情提示

（1）针对每个产品类型，每季只能支付一次研发费用。

（2）研发不需要连续进行，中途可以中断研发，但会延长研发周期。

十九、支付行政管理费

"支付行政管理费"用于支付行政管理人员日常办公开支，也可以理解为支付行政管理人员的工资。

行政管理费需要每季支付一次，支付金额为固定值，由系统参数控制。

支付行政管理费的财务核算内容为：现金减少，行政管理费增加。

➤ 操作方法

单击"支付行政管理费"按钮后，可自动完成操作，无弹出窗口。

➤ 友情提示

（1）小组无论是否生产，每季都需要支付行政管理费。

（2）大家应注意行政管理费与生产工人的人工费的区别，生产工人的人工费计入生产成本，最后转化为产成品，成为企业的资产，而管理人员的工资、销售人员的工资是被作为费用处理的。

二十、厂房变更

各小组拥有厂房后，可以根据自己的需要对厂房进行变更，厂房变更包括"买转租""租转买""卖厂房"和"退租"四个动作。界面如图 4-30 所示。

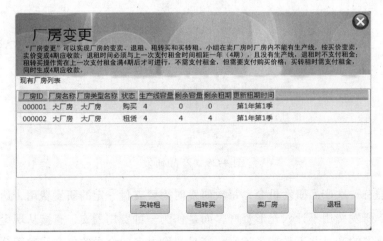

图 4-30　厂房变更

买转租：是指将购买的厂房变为租赁的，同时将厂房价值变为四期应收账款。各小组通过此方法可获得流动资金，但会减少固定资产，增加租金费用，导致权益降低。当厂房是通过购买获得，厂房内又有生产线时，各小组可以进行买转租。如果处于先结算模式下，小组还要立即支付租金，如果处于后结算模式下，年末通过厂房结算功能支付租金。在这两种模式下，各小组每季都可以进行"买转租"。

租转买：即在结清租金后，支付全额购买款，得到固定资产，各小组通过此方法，可将租赁厂房转变为自有厂房，后期不再需要支付租金，租转买后，由于节约了后期的开支，有利于提高后期所有者权益的期望值。在先结算模式下，各小组只需支付购买费用，无须支付租金；在后结算模式下，需支付租金和购买费用。两种模式下，各小组都需要在租赁到期时进行"租转买"。

卖厂房：是指将已购买的厂房在没有生产线的前提下卖出，卖出时固定资产减少，应收账款增加，其目的一是降低厂房拥有量，方便建设其他厂房，二是增加流动资金。卖厂房时，厂房内不能有生产线且性质为购买。

退租：是指将已租用的厂房在没有安装生产线的前提下，结清租金，后期不再租用，其目的一是降低厂房拥有量，二是不再支付后期租金，提高后期权益的期望值。退租时厂房租期要满四季且厂房内不能有生产线。如果处于后结算模式下，小组在退租时还需要支付租金。

"买转租"和"租转买"只修改厂房记录，"卖厂房"和"退租"将删除厂房记录，同时，四个动作都会引起财务变化。

厂房变更的财务核算内容为：买转租（先结算模式），现金增加，租金增加，厂房价值减少；（后结算模式）现金增加，厂房价值减少。租转买（先结算模式），厂房价值增加，现金减少；（后结算模式）厂房价值增加，租金增加，现金减少。卖厂房时，应收账款增加，厂房价值减少。退租在先结算模式下不生成凭证；在后结算模式下增加租金、减少现金。

➤ 操作方法

选择厂房，单击相应功能按钮即可。

➤ 友情提示

（1）由于厂房不参与折旧的计算，一直保持原值，所以各小组可以按原值卖出购买的厂房，得到 4 账期应收账款。

（2）如果厂房内有生产线，各小组必须先将生产线卖出或退租，使其成为空厂房后才能卖出。

（3）各小组对购买的厂房可以通过厂房贴现功能将厂房置换为现金，但需要先按 4 账期扣除贴息，再扣除租金。

（4）在租赁的厂房满 4 季且小组不退租或租转买时，系统将自动续租并扣除一次租金。

（5）为防止遗漏厂房变更操作，此功能在应收账款更新后就会出现在主窗口中，直到厂房结算结束。

二十一、厂房租金结算

厂房租金结算功能主要用于完成对已使用厂房的结算，包括对已占用厂房的结算和租用已到期厂房的续租结算。所谓已占用，是指厂房已使用，但小组未购买或租赁。当教学规则中新厂房结算模式为后结算时，或者初始盘面中有空闲或已占用厂房时，会出现这种情况。界面如图4-31所示。

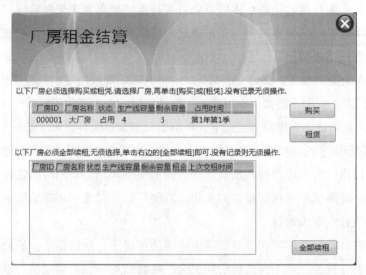

图4-31　厂房租金结算

（1）厂房结算：完成对本年内占用厂房的结算，结算时可选择购买或租赁。当购买时，系统自动支付购买资金；当租赁时，系统自动支付本年租金。此功能只提供给后结算模式使用，先结算模式自动将此功能隐藏。

（2）续租：对于已到期而没有退租的厂房，系统自动支付租金。先结算模式下支付的是后4季的租金，后结算模式下支付的是当年所欠的租金。

厂房租金结算功能在后结算模式下只能在年末使用，而在先结算模式下则每季都可以使用。

厂房租金结算的财务核算内容为：购买厂房时，厂房增加，现金减少；租赁厂房时，租金增加，现金减少；续租厂房时，租金增加，现金减少。

➤ 操作方法

如果界面中显示有占用的厂房，选择相应厂房，单击"购买"或"租赁"即可；如果界面中显示有租金已到期的厂房，无须选择，单击"全部续租"即可。

➤ 友情提示

（1）如果各小组想对租金到期的厂房退租或租转买，必须在厂房租金结算之前完成，否则，系统会自动扣租金。

（2）如果存在已占用的厂房或已到期的厂房，不加处理，将无法进行下一步操作。

二十二、领取生产资格证书

领取生产资格证书功能对产品的已研发周期进行检测，当达到规定的研发期数时，各小组自动获得该产品的生产资格证书，且主窗口会显示证书。只有获得了生产资格证书，生产线才能生产该产品。

此功能没有费用发生，不需要进行财务核算。

➢ 操作方法

单击"领取生产资格证书"按钮后，系统便可自动完成相关操作，操作时无弹出窗口。

➢ 友情提示

（1）没有生产资格证书，各小组在获取销售订单以及生产线安装等方面不受影响。

（2）当没有生产资格证书时，上线生产将受影响。

（3）当没有生产资格证书时，如果理论上小组在当年可以获取证书，那么在打广告时，系统允许投放广告，否则，投放广告后无法看到此产品。

二十三、当季结束

每季操作完成后，各小组都需要单击"当季结束"按钮，结束当季操作，此时系统自动将当前时间向后移动一个季度。

➢ 操作方法

只需要单击"当季开始"按钮，即可完成操作，操作时无弹出窗口。

➢ 友情提示

（1）只有当季结束后，各小组才能进入下一个季度的当季开始。

（2）第四季度业务操作完成后，没有"当季结束"按钮，自动进入年末业务。

第五节　年末业务

一、市场开拓

市场开拓即对市场进行资金投入，以获得进入此市场的资格。单击"市场开拓"后出现的窗口如图 4-32 所示。

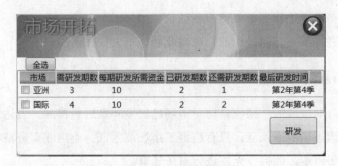

图 4-32　市场开拓

各小组选择没有获得市场准入证的市场，支付一期研发费用，对每个市场，每年只能支付一次研发费用，费用直接从现金中列支。此功能在年末使用。

市场越多，销售机会越多，建议市场一定要在第一时间开拓出来，不要舍不得投入。

市场开拓的财务核算内容为：市场开拓费增加，现金减少。

> 操作方法

选择市场，单击"研发"按钮即可。

> 友情提示

（1）各小组可一次性选择多个市场进行开拓。

（2）各小组在进行下一功能操作前，可对此功能反复操作。

二、产品认证

对产品质量进行投入，以获得产品质量认证。单击"产品认证"按钮后出现的窗口如图 4-33 所示。

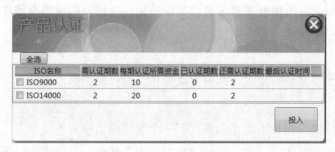

图 4-33　产品认证

各小组选择没有获得的 ISO 认证类型，支付一期投入费用。ISO 认证类型固定为 ISO9000 和 ISO14000 两种，投入费用每年只能支付一次，费用直接从现金中列支。此功能应该在年末使用。

获取 ISO 认证证书有利于增加销售机会，建议各小组在第一时间进行 ISO 认证。

产品认证的财务核算内容为：ISO 认证费增加，现金减少。

> 操作方法

选择 ISO 9000 或 ISO 14000，单击"投入"按钮即可。

> 友情提示

（1）各小组可一次性选择多个 ISO 进行认证。

（2）各小组在进行下一功能操作前，可对此功能反复操作。

三、领取市场准入证

市场准入证是自动领取的。系统自动对市场已研发年数进行检测，当达到规定的研发周期时，小组自动获得该市场的准入证。只有获得了市场准入证，小组才有资格在参加订货会时在这个市场中选择销售订单。此操作无须进行财务核算。

> 操作方法

单击"领取市场准入证"按钮后，系统便可自动完成相关操作，操作时无弹出窗口。

> 友情提示

（1）小组领取市场准入证后，下一年即可在此市场投放广告，获取订单。

（2）如果小组在投放广告时无法看到市场，表示该市场还没有开拓完成。

四、领取 ISO 认证证书

ISO 认证证书是自动领取的。

系统自动对 ISO 认证已投入年数进行检测，当达到规定的投资周期时，小组自动获得对应的证书。只有获得了相应的证书，小组才有资格在参加订货会时选择有 ISO 认证要求的销售订单。此操作无须进行财务核算。

➤ 操作方法

单击"领取 ISO 认证证书"按钮后，系统便可自动完成相关操作，操作时无弹出窗口。

➤ 友情提示

（1）小组领取 ISO 认证证书后，下一年即可在市场上获取有 ISO 认证证书要求的销售订单。

（2）小组获取 ISO 认证证书后，根据系统约定，以后每年不再需要支付维持费用。

五、计提设备维护费

计提设备维护费指对已建成的生产线自动计提维护费用。

每年年末，各小组需要对所有已建成的生产线设备进行一次保养，包括正在转产的生产线，所有的生产线每年的维护费用相同，费用从现金中直接扣除，具体费用金额在生产线规则中定义。

设备维护费的财务核算内容为：现金减少，维护费增加。

➤ 操作方法

单击"计提设备维护费"按钮后，系统便可自动完成相关操作，操作时无弹出窗口。

➤ 友情提示

只要生产线建成，各小组每年都需要支付设备维护费，且用现金支付。而折旧费是从生产线建成后的下一年开始计提的，不减少现金，而是减少生产线的净值。

六、计提折旧

每年年末，系统自动对生产线计提折旧。根据沙盘推演规则的规定，当年建成的生产线不计提折旧。因此，各小组对所有已建成的生产线，在建成的当年不计提折旧，从第二年开始才计提折旧，折旧费用从生产线净值中扣除，当生产线的净值达到残值时，折旧计提完成，此类生产线还可以继续上线生产，以后年份不再计提折旧。

净值为 0 的生产线[如全自动线（租赁）和柔性线（租赁）]，因为没有净值，因此不参与折旧计算。生产线折旧会降低资产，增加费用，导致所有者权益降低。

计提折旧的财务核算内容为：固定资产（生产线）减少，折旧费用增加。

➤ 操作方法

单击"计提折旧"按钮后，系统便可自动完成相关操作，操作时无弹出窗口。

➤ 友情提示

（1）折旧费与设备维护费虽然都属于费用，但有很大差异，具体请查阅计提设备维护费友情提示。

（2）已折旧完的生产线不报废，可继续使用。

七、违约扣款

违约扣款指在按订单交货时，小组在约定的交货期内没有交货，出现违约行为后，系统通过此功能对当年的违约订单进行扣款。

违约金由在参数中约定的订单总额百分比确定，违约订单是收回还是推后交单由参数控制。收回是指此订单作废；推后交单是指保留订单，交货期向后推迟。交货期为第一季～第三季时，违约后订单自动推后至第四季交货；交货期为第四季时，违约后自动推后到下一年第一季交货，依此类推，直到交货为止。违约扣款后，各小组在当期不能再交货。系统对订单在违约当季只做违约标记，违约金在年末一次性扣除。

违约扣款的财务核算内容为：其他费用增加，现金减少。

➤ 操作方法

单击"违约扣款"按钮后，系统便可自动完成相关操作，操作时无弹出窗口。

➤ 友情提示

（1）如果有多张违约订单，违约金按每一张单独计算，并按四舍五入方式取整计算。

（2）违约扣款之后，组间交易中的订单转让功能将被锁定，各小组不能再进行销售订单的交易。

八、计提所得税

计提所得税功能用于计算本年应交所得税。各小组有盈利时，需要向国家缴纳所得税，每年年末计提所得税，并从费用中列支，在下一年年初时再用现金结算支付。小组在年末根据本年的所有收入和费用项目，将收入之和减去费用之和，得到税前利润。如果税前利润大于 0，先弥补前五年的亏损，之后利润如果还大于 0，各小组再按一定的百分比计提所得税，百分比由系统参数控制，默认采用 25%的比例计提所得税。本功能操作在年末所有日常业务完成后，损益结转之前进行。

计提所得税的财务核算内容为：应缴税费增加，所得税费用增加。

➤ 操作方法

单击"计提所得税"按钮后，系统便可自动完成相关操作，操作时无弹出窗口。

➤ 友情提示

（1）所得税采用四舍五入的方式取整计算。

（2）小组计提所得税后，不能有业务发生，以防止税前利润发生变化，原材料、产成品、组间借贷、现金赠送等组间交易功能被锁定。

九、损益结转

损益类项目是指收入类所有项目与费用类所有项目，损益结转指将损益类所有项目的余额按方向结转到所有者权益中的本年利润项目中。具体方法为，将本年所有的收入减去所有的费用（含所得税）后得到的税后利润，放入本年利润项目中。此功能操作是每年结账前的最后一步操作。

收入类项目有以下几个。

（1）主营业务收入：显示销售的产品总价。

（2）其他业务收入：显示销售的非主营业务总价。

（3）营业外收入：指其他额外的收入。

费用类项目有以下几个。

（1）主营业务成本：指已销售的产品成本。

（2）其他业务成本：指已销售的非主营业务的成本之和，如通过组间交易进行的原材料销售。

（3）其他支出：可以理解为损失，主要指紧急采购时多支付的费用，还包括销售订单的违约金。

（4）折旧费：指对固定资产计提的折旧费，这里专指对生产线在经营当年提取的折旧费。

（5）利息：指长期贷款、短期贷款、民间贷款在当年经营时支付的利息。

（6）贴息：指当年因应收账款贴现所支付的贴息。

（7）所得税：指当年根据税前利润计提的企业所得税。

（8）管理费：指当年每季支付的管理费用。

（9）广告费：指当年支付的广告费。

（10）维护费：指当年已建成的每条生产线所发生的维护费。

（11）租金：专指当年为所有厂房支付的租金。

（12）转产费：指生产线转产时支付的转产费。

（13）市场开拓：指当年支付的市场开拓费。

（14）ISO 认证：指当年支付的 ISO 认证费。

（15）产品研发：指当年所有产品的研发费。

（16）信息费：指查看其他企业数据所支付的信息费。

所有者权益项目有以下几个。

（1）实收资本：指企业的初始创业资金，此项目金额不会发生变化，由管理员在初始化时设定。

（2）注资：指经营过程中教师向企业额外增加的资本，当企业经营不善时，教师可以向企业进行注资。

（3）盈余公积：以前年份的净利润之和，不包括当年的净利润。

（4）本年利润：当年的净利润，即当年的税后利润。

损益结转之前的会计恒等式为：资产=负债+所有者权益+收入-费用，而损益结转之后，收入与费用的余额都转到了本年利润中，此时，会计恒等式变为：资产=负债+所有者权益，前者为动态等式，后者为静态等式。

计提所得税之前，收入-费用=税前利润。

计提所得税之后，收入-费用=净利润（税后利润）。

损益结转的财务核算内容为：本年利润增加，损益类科目减少。

> 操作方法

单击"损益结转"按钮后，系统便可自动完成相关操作，操作时无弹出窗口。

> 友情提示

（1）为方便查看，损益结转后，数据已结转到本年利润中，但盘面并没有对收入和费用金额进行清空处理，只在结账进入下一年时才清空。

（2）对于经营过程中所发生的现金流出，大家一定要分清楚是流向了资产、负债，还是流向了费用，费用增加会降低所有者权益。

十、结账

结账时，系统自动将本年期末数据结转到下一年作为期初数据，同时将当前年份向后移动一年，将当前季度变为第一季。此操作无须进行财务核算。

> 操作方法

单击"结账"按钮后，系统便可自动完成相关操作，操作时无弹出窗口。

> 友情提示

（1）只有完成了结账操作，当前会计年度才算结束。

（2）结账后系统对收入与费用栏显示的值自动清空。

（3）结账后小组可通过撤销操作，恢复到结账前状态，方便查看收入与费用。

（4）如果启用了 FTP 功能，结账时，系统会在后台自动上传主窗口截图、小组报表数据与小组排名数据到指定的 FTP 地址。同时，系统会有一秒左右的延迟。

第六节　其他业务

一、厂房贴现

厂房贴现即将购买的厂房按"买转租"方式处理，变为租赁的，同时将获得的 4 账期应收账款全部按应收账款贴现的算法变为现金，用于解决现金不足问题。界面如图 4-34 所示。

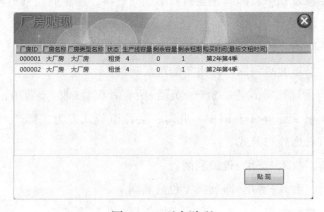

图 4-34　厂房贴现

厂房贴现的本质是买转租，并将所获得的 4 期应收账款立即贴现，属于两个功能的简单组合。厂房贴现功能不受操作进度状态限制，在任何时候都可以使用。"买转租"只能在规定的环节进行，但应收账款贴现的额度可自行调整。

厂房贴现的财务核算内容为：现金增加，贴息增加，厂房减少。

➤ 操作方法

选择某一厂房，单击"贴现"按钮即可。

➤ 友情提示

（1）只有购买的厂房才能进行厂房贴现，租赁的厂房不能贴现。

（2）注意思考厂房贴现与厂房买转租有什么不同。

二、紧急采购与销售

紧急采购业务与紧急销售业务统称紧急业务，在同一个功能界面中被处理，界面如图 4-35 所示，该界面可以实现原材料与产成品的立即采购入库与销售出库，包括采购原材料、采购产成品、销售原材料、销售产成品。

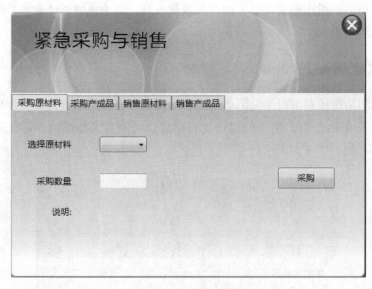

图 4-35 紧急业务

在正常业务流程中，各小组只能通过采购订单采购原材料，而对产成品只能通过在生产线上生产得到。为解决没有下订单而需要立即采购原材料和产成品不足以交货的问题，系统提供紧急采购与销售功能，以方便各小组立即补充库存。当现金流出现断裂而库存中有原材料或产成品时，各小组可以通过紧急销售获得现金。

紧急采购时，原材料与产成品立即入库，存货无运输周期，立即到货。各小组对原材料按正常采购价格的倍数支付采购成本，对产成品按直接成本的倍数支付采购成本，其倍数由系统参数控制，系统默认原材料采购的倍数为 2 倍，产成本采购的倍数为 3 倍，额外支付的采购费用作为损失计入其他支出。

各小组紧急销售原材料时，只能按采购价格的折扣价（系统默认折扣系数为 0.8）获得现金，不足 1 时舍弃（为了防止高于折扣价出售，小数位只舍不入），成本与现金的差值作为损失计入其他支出。各小组紧急销售产成品时，按生产成本直接获得现金，没有损失（系统默认折扣系数为 1）。

紧急采购与销售的财务核算内容为：紧急采购原材料时，原材料增加，其他支出增加，现金减少；紧急采购产成品时，产成品增加，其他支出增加，现金减少；紧急销售原材料时，现金增加，其他支出增加，原材料减少；紧急销售产成品时，现金增加，其他支出增加，产成品减少。

合理使用紧急采购与销售功能有利于盘活企业资产。

➤ 操作方法

选择相应原材料或产成品，输入采购数量，单击"采购"按钮即可。

➤ 友情提示

（1）原材料与产成品在紧急销售时，销售价格小数位只舍不入。

（2）将产成品产出后按 1 倍的成本价卖出，相当于没有生产这个产品。

（3）当库存产品数量比销售订单上的产品数量少时，各小组可通过紧急采购产成品对库存产品进行补充，再卖出。

三、应收账款贴现

应收账款贴现功能模拟银行承兑汇票的贴现功能，可将应收账款提前变为现金，但需要从应收账款中扣除一定的费用，用于向银行支付贴息。功能界面如图 4-36 所示（界面中采用"应收款贴现"一词）。

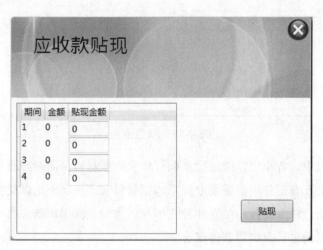

图 4-36　应收账款贴现

具体算法为，将指定账期应收账款中的金额按一定百分比计算的金额作为贴息支付给银行，应收账款与贴息的差值变为现金。贴息率由规则控制，贴息金额向上取整。贴现时，先对1、2 账期或 3、4 账期的贴现金额进行求和，再进行贴息计算，而不是先计算贴息，后求和。

各小组由于立即支付贴息，当年直接产生财务费用，会直接拉低当年的所有者权益，对当年的所有者权益直接产生影响。

另外，贴息还有联合计息与独立计息的区别，本系统采用联合计息，具体算法为：当贴现时如果同时填写了1、2、3、4账期，那么先将1、2账期的贴现金额进行求和，再进行贴现计算，然后将3、4账期的贴现金额进行求和，再进行贴现计算。

应收账款贴现的财务核算内容为：应收账款减少，现金增加，贴息增加。

➤ 操作方法

在指定期间的贴现金额处分别录入金额，单击"贴现"按钮即可。

➤ 友情提示

（1）为防止出现贴息为0的情况，贴息的小数位的处理方式为只入不舍，向上取整，如贴息为5.1，则取6。

（2）贴现金额不能超过指定期间的应收账款余额。

（3）1、2账期与3、4账期的贴息率不同。

（4）注意思考利息、贴息对所有者权益的影响有何不同。

四、市场老大查询

市场老大查询功能用于查询历年各市场的市场老大以及其交货状态，可为各小组在投放广告时提供参考。所谓市场老大，是指某一个市场中销售额最高，且没有违约行为的小组，这个小组即为这个市场的主导者，下一年在这个市场中具有优先选单权，只需要打最少的广告，便可最先选单。当市场老大违约时，其将被取消市场老大资格。功能界面如图4-37所示。

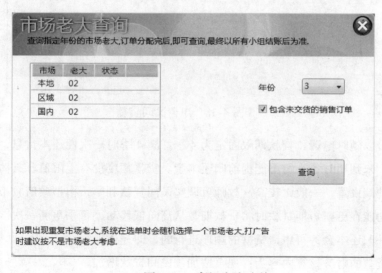

图4-37　市场老大查询

系统可按市场确定市场老大，上一年的市场老大，在下一年，只需出最低的广告费，在该市场就具有优先选单权。市场老大的确认方法为：上一年该市场所有已成交的订单总销售额最大且没有违约行为。为了方便小组在选单完成后即可预估市场老大，系统通过设置"是否包含未交订单"选项，将当年所有的有效订单都纳入计算范围，来估算市场老大。市场老大查询，可以对各小组制定广告策略提供帮助。

➤ 操作方法

（1）查看当前年份市场老大：单击"市场老大查询"后，系统自动显示当前年份各市场老大。

（2）查询指定年份市场老大情况：在年份下拉列表中选择年份，单击"查询"按钮即可。

（3）确定计算时是否包含未交货的销售订单：选中"包含未交货的销售订单"选项，单击"查询"按钮，则所有订单参与计算，如果不选中，则只有已交货的订单参与计算。

➤ 友情提示

（1）教师在管理端额外自定义的销售订单不参与市场老大的计算。

（2）各小组通过组间交易获取的订单会影响市场老大的计算，按订单的最终归属进行计算。

（3）如果出现重复市场老大（低概率事件），系统在选单排序计算时，会随机选中一个市场老大。

五、申请民间贷款

各小组单击"申请民间贷款"后出现的窗口如图 4-38 所示。

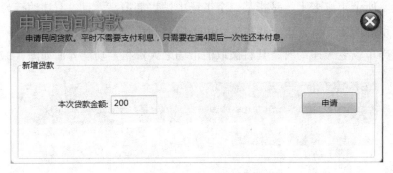

图 4-38　申请民间贷款

民间贷款可以随时申请，贷款期限固定为 4 季，满 4 季时一次性还本付息，利息按四舍五入的方式取整，未到期时各小组不能提前归还本金。贷款额度没有上限值。具体的民间贷款利率由教师在管理端设置，一般比较高。教师可调整民间贷款利率，模拟政府救市。

民间贷款功能在更新短期贷款时将贷款期数从高向低移动，每季更新一次，到期贷款是按照先支付利息并归还本金，再申请贷款的顺序进行的，即先还后贷。

申请民间贷款的财务核算内容为：现金增加，民间贷款增加。

➤ 操作方法

在本次贷款金额中填写贷款金额，再单击"申请"按钮，完成操作。

➤ 友情提示

（1）当民间贷款利率为 0 时，各小组无法申请民间贷款。

（2）各小组在申请贷款的当年不需要支付利息，在下一年支付利息。

（3）申请民间贷款操作在进入下一操作环节之前，可反复进行，贷款金额叠加。

六、查看广告

查看广告功能用于查看小组历年的广告费明细，界面如图 4-39 所示。

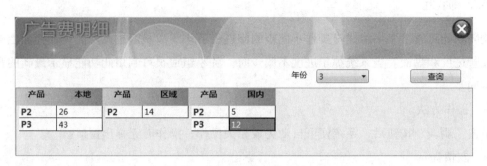

图 4-39　查看广告

> ➢ 操作方法

查看当前年份广告：单击"查看广告"后，系统自动显示当前年份投入的广告费明细。

查看指定年份广告：在年份下拉列表中选择指定年份，单击"查询"按钮，然后系统自动显示指定年份广告费明细。

> ➢ 友情提示

（1）广告投放后，各小组可通过此功能查看广告投入是否有错误。

（2）此功能只用于查看广告费明细，不能修改广告，如果各小组要修改已投的广告，需要撤销到当年开始，再在"投放广告"功能中重新录入。

七、订单信息

订单信息功能用于查看小组历年的销售订单与交货、违约等情况，界面如图 4-40 所示。

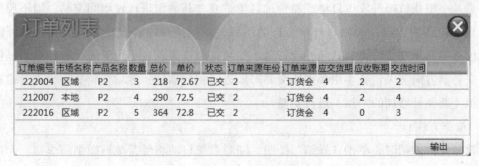

图 4-40　订单信息

> ➢ 操作方法

查询显示：单击"订单信息"后，系统自动显示所有订单明细。

输出：单击界面下方的"输出"按钮，选择路径，输入 Excel 文件名，保存即可。

> 友情提示

（1）主窗口下方的销售订单区域只显示没有交货的订单，各小组如果要查看历史订单的交货、违约情况，可到"订单信息"功能界面中查看。

（2）各小组可将所有订单导出为 Excel 文件。

八、刷新

刷新功能可解决多小组成员操作不同步的问题。各小组成员通过此功能可在界面上查看最新的经营进度和盘面。当系统提示进度不同步时，各小组成员可利用此功能显示最新的盘面，以保持同步。

> 操作方法

单击"刷新"按钮后，系统便可自动完成相关操作，操作时无弹出窗口。

> 友情提示

（1）在多台计算机操作状态下，若操作不同步，各小组可单击此功能按钮，随后系统会给出数据不同步的提示，并且禁止打开相应功能。

（2）除了在选单的时候可以多人操作外，其他的操作建议由一人完成，其他人同步刷新。

九、撤销操作

在教学过程中，每个小组都是第一次接触沙盘，小组在经营过程中，难免会犯一些低级的错误，为了能让每个小组都能经营下去，不至于中途退出而无法完成课程，在老师授权的情况下，各小组可以通过此功能进行撤销操作，每次撤销一季，一直撤销到最近一次选单完成后的状态，方便修正经营方案中的错误。练习时，各小组可通过反复撤销对企业经营方案进行优化。

需要强调的是，选单完成后，各小组无法撤销到选单前的状态。因为如果系统允许撤销到选单前状态，那么小组所选择的订单将会消失，无法找回。

如果某小组找教师补发过订单或撤销过订单，或与其他组进行过组间交易，请不要撤销到进行过这种操作的季度，否则，订单会自动还原，组间交易内容会单方向消失。当可以撤销时，建议在第四季交货时再找教师补发订单。如果订单还原，各小组只能找教师重新操作。如果组间交易单方向消失，各小组必须让交易对象进行相应撤销，然后重新交易，或者通过教师的政府组（即额外增加的一组）进行交易。

> 操作方法

当教师允许撤销时，单击"撤销"按钮，随后系统自动将经营数据撤销到季初，无弹出窗口。当教师不允许撤销时，单击"撤销"按钮，随后系统将会给出不允许撤销的提示。在此状态下，各小组可找教师通过管理端进行撤销。

> 友情提示

（1）撤销功能由教师进行控制，当教师允许撤销时，各小组才可以撤销，当不允许撤销时，只能由教师在管理端进行撤销。

（2）撤销顺序为：投放广告后→当年开始→结账前→第四季季初→第三季季初→第二季季初→第一季季初→选单完成后。

（3）撤销最多只能撤销到最近一次选单后的状态。

（4）如果各小组在订货会之前完成了长期贷款的操作，那么订货会结束后，将无法撤销长期贷款的操作。

（5）如果教师开放了组间交易功能，原则上教师会关闭撤销功能。

十、组间交易

组间交易功能可完成各小组之间的各种交易，但各小组必须在教师指定的计算机上应用此功能，交易细节请参见第五章第四节中的组间交易。组间交易功能一般在教师关闭了撤销功能时开放。合理利用组间交易功能，各小组可模拟企业联合经营，实现"1+1>2"的效应。

（1）可解决原材料不够的问题。由于可跨季交易，当出现前期少下原材料订单，导致上线生产时原材料短缺时，各小组可让其他小组代为下单，在到货后进行交易，或者在借用后归还。

（2）可解决第一季交货时产品不够的问题。在第一季交货时，某小组如果产品不足无法交货，可找其他小组借，后期产出后再归还。

（3）可解决资金周转问题。如果出现临时资金问题，某小组可让其他小组进行资金赠送，等周转完成后，再反向赠送。

（4）可解决销售订单问题。如果某小组在选单过程中发现已无法选取订单，可让有资格选单的小组代为选单，事后将订单进行转让。

组间交易还有更多其他作用，灵活使用组间交易会带来意想不到的效果。

第五章　沙盘推演后台管理

第一节　功能概述

一、功能介绍

"ERP 沙盘辅助教学系统"的管理端主要用于后台管理，供管理员（系统管理人员与教师）使用，管理员通过管理端对课堂进行集中管理，完成课程模拟对抗规则的制定、对抗业务处理、对抗数据查询与发布、虚拟企业经营进度控制、教师点评数据支持以及数据安全管理等工作。功能模块主要包括系统管理、业务管理、查询管理、数据管理。

"系统管理"主要完成业务开始之前的设置与控制工作，子功能包括参数管理、选择规则与订单、选择操作流程、编辑规则、导出规则、订单生成器、编辑订单、导出订单、初始化全部小组初始盘面、修改小组口令、允许开始经营、允许登录系统、修改管理员口令等。

"业务管理"主要对小组的经营过程进行管理，子功能包括小组注资、组间交易、进入下一年、回撤到上一年、订货会（手工模式）、订货会（自动模式）、竞单管理。

"查询管理"给教师提供查询数据，子功能包括市场订单预测、经营进度查询、广告投放情况查询、市场老大查询、销售订单查询、小组排名、各小组数据导出汇总、小组界面查看。

"数据管理"用于对数据进行备份与恢复，以及小组经营过程的撤销，子功能包括小组数据还原、备份、恢复。

二、管理过程

整个管理过程分为前期准备、业务管控、数据管理三个阶段，如图 5-1 所示。

在前期准备阶段，管理员通过"参数管理"功能设置经营环境的详细参数，通过"选择操作流程"确定各小组的经营环节，通过"选择规则与订单"确定经营规则与各市场的销售订单，通过"初始化全部小组初始盘面"对各小组的初始数据进行设定。通过"编辑规则"功能对预设的规则进行手动编辑，通过"编辑订单""订单生成器"功能对销售订单进行手动编辑或自动生成。

在业务管控阶段，管理员通过"进入下一年""回撤到上一年"功能确定模拟的当前年份，通过"广告投放情况查询"功能查看各小组广告投放情况，通过"订货会（自动模式）""订货会（手工模式）""竞单管理"分发销售订单，通过"经营进度查询"查看各小组经营进度，通过"组间交易"功能开放各小组之间的自由贸易。

在数据管理阶段，管理员通过"备份"功能，对经营的数据进行整体打包，通过"恢复"功能，可将整体打包的数据进行还原，通过"小组数据还原"功能，可将小组经营内容进行撤销。

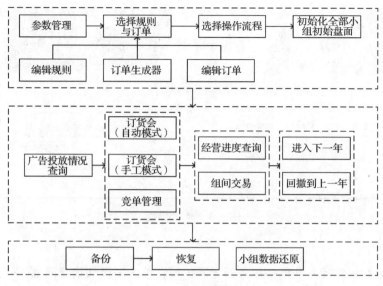

图 5-1　管理过程

第二节　主窗口

一、窗口启动

（一）下载

用户可以通过网站在线运行软件，也可以通过获取客户端直接在本地运行。请配置好NET4.0 以上环境，在线运行前需要准备好 IE 浏览器。

➤　操作方法

打开 IE 浏览器，在地址栏中输入服务器地址，在网页中单击链接"教师请单击这里进入管理端"，此时出现图 5-2 所示窗口。单击"运行"按钮，按提示下载文件后，出现登录窗口。

图 5-2　管理端入口

➤　友情提示

下载过程中如有防火墙拦截或系统安全拦截，请允许通过。

（二）管理员登录

教师通过此功能登录指定的教室，登录界面如图 5-3 所示。

图 5-3　登录界面

界面说明如下。

（1）云端选择：支持互联网多服务器无限扩展，单击 图标 可切换显示/隐藏"云端选择"下拉列表，在下拉列表里选择云端服务器。

（2）教室：每个服务器支持多个教室同时开课，经营数据相互独立，互不干扰。

（3）代码：教师登录的代码固定为 admin。

（4）口令：初始口令为 admin，登录后可以修改。

➤　操作方法

单击左下角的 图标 图标，弹出云端选择下拉列表，在下拉列表里选择正确的云端，选择需要进入的教室，录入管理员的代码和口令，单击"登录"按钮，即可打开主窗口。

➤　友情提示

（1）系统会自动记录最近一次成功登录的云端与教室，下次登录时自动选择上一次的云端与教室，用户只需要填写代码与口令即可登录。

（2）管理员可以在后台定义个性化的管理员用户名，用于对 admin 用户的管理。

二、主窗口介绍

登录完成后，系统自动打开主窗口，如图 5-4 所示。主窗口一方面是各功能模块的启动入口，另一方面显示初始化结果与当前年份，另外还用于显示倒计时时间，用于对各小组的经营时间进行控制。

主窗口中的第一栏为"菜单栏"，包括系统管理、业务管理、查询管理、数据管理、帮助一级菜单，详细内容见第五章第三节～第六节。

主窗口中的第二栏为"工具栏"，显示常用的功能按钮，包括禁止经营、禁止登录、广告投放情况、订货会（自动模式）、订货会（手工模式）、结束订货会、经营年度、进入下一年。

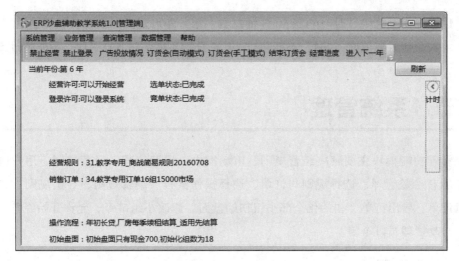

图 5-4 主窗口

主窗口显示当前管理状态，包括当前年份、经营许可与登录许可状态、选单与竞单状态、经营规则、销售订单、操作流程、初始盘面。用户可通过刷新功能显示最新状态，可通过计时功能显示倒计时。

➤ 操作方法

（1）菜单栏与工具栏的操作，只需要单击相应功能即可完成。

（2）倒计时功能操作方法。

① 单击"计时"按钮，此时弹出图 5-5 所示窗口。再次单击"计时"按钮，倒计时窗口自动隐藏。

图 5-5 计时器

② 单击"设置"按钮，显示设置窗口，如图 5-6 所示。

图 5-6 计时器设置

③ 录入时、分、秒，单击"开始"按钮，此时设置窗口自动隐藏，并开始倒计时，"开始"按钮自动变成"停止"按钮。

④ 如果要暂停倒计时，可重新单击"设置"按钮，再单击"停止"按钮。

➤ 友情提示

（1）初始化后可在窗口中看到初始化的结果。

（2）教学时可通过大屏幕查看和显示各种经营数据。

（3）教师可通过在大屏幕上显示倒计时，督促学生在规定时间内完成操作。

（4）建议每年经营倒计时时间在 50 分钟左右，第一年可延长，最后一年可缩短。

（5）录入倒计时的值时，"时"不能超过 24，"分"不能超过 59，"秒"不能超过 59。

第三节　系统管理

系统管理功能模块主要解决经营规则、市场需求、经营流程、经营控制、用户口令等问题，子功能有参数管理、选择规则与订单、选择操作流程、编辑规则、导出规则、订单生成器、编辑订单、导出订单、初始化全部小组初始盘面、修改小组口令、允许开始经营、允许登录系统、修改管理员口令等。

一、参数管理

"参数管理"可对经营参数进行设置，主要设置各个控制变量的值。参数类型有基本参数、厂房、订货会、采购、销售、融资、紧急业务、FTP、其他等。参数设置界面如图 5-7 所示。

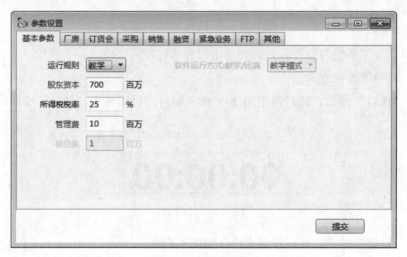

图 5-7　参数设置

（一）基本参数

运行规则：系统提供手工、商战、创业者、ITMC、德亿、教学六种运行规则模板，"手工"是指可模拟用友手工沙盘、金蝶手工沙盘，"商战"是指可模拟新道商战沙盘、百树商战沙盘，"创业者"是指可模拟新道创业者沙盘、百树创业者沙盘，"ITMC"是指可模拟中教畅享企业经营管理沙盘，"德亿"是指可模拟德亿手工沙盘，"教学"是指针对大一新生，经过优化设计的教学专用沙盘。

股东资本：提供给管理员在"初始化全部小组初始盘面"功能中使用。初始化完成后，此参数就失去作用。如果按其他方式初始化，此参数不起作用。在教学模式下，建议采用 700M 作为初始资金。在竞赛模式下，建设采用 600M 作为初始资金。

所得税税率：模拟企业所得税，教学时默认税率为 25%。在整个沙盘推演过程中，为简化计算，只考虑了这一个税率。企业所得税的算法：税前先弥补前 5 年亏损，如果有盈利，则按比例计提所得税。所得税在下一年年初支付，税金小数位四舍五入。

管理费：指每季支付的管理人员费用，可理解为管理人员办公费用以及工资，教学时默认为 10M，是一个固定值。企业无论经营状况如何，每季固定支付 10M。

信息费：指获取其他企业信息所需要支付的费用，供线上网赛时使用。教学时默认不启用信息费，各小组可直接现场观看其他小组盘面，无须支付费用。

（二）厂房参数

最大可用厂房数量：指单个企业可购买或租赁的厂房总数量。教学时默认为 4 间。

厂房类型是否可重复：指在最大可用厂房数量内，可否拥有相关类型的厂房，如 4 个大厂房，教学时默认为可以。

是否可以租转买/买转租：指企业是否可将购买的厂房转成租赁，或将租赁的厂房转为购买。教学时默认为可以。当租转买时，企业必须在租赁到期那一季操作，支付购买资金，否则系统会自动续租。买转租时，先支付租金，再将厂房价值变为 4 账期应收账款。

新厂房结算模式：分为先结算与后结算。先结算是指先付费，再安装生产线，后结算是指先安装生产线，在年末时再付费。教学时默认为先结算，用友手工沙盘采用的是后结算。

（三）订货会参数

市场老大：指在订货会自动选单的时候，是否存在市场老大，教学时默认为有市场老大。所谓市场老大，是指在某一年某个市场中销售额最高，且在这个市场没有违约记录的企业，在下一年选单时，该企业只需要满足最低广告费要求，就可以最先选单。

选单时间：指当前选单小组可用的选单时间，如果选单小组在规定时间内没有选择订单，则视为自动放弃选择，不再参与下一轮选单。对于选单时间，教师可在自动选单界面进行适时调整。由于系统支持多市场多产品同时选单，在教学模式下，建议将选单时间控制在 150 秒左右。

首位选单补时：指第一个小组的选单时间可在原选单时间的基础上额外增加，此时间可供所有小组浏览订单用。教学时默认为 60 秒。

市场同开数量：指自动选单时，同时开启选单功能的市场数量，教学时默认为 5 个。所有市场同开，有利于节约教学时间。

产品同开数量：指自动选单时，在已开启的市场同时开启的产品类型选单的数量，教学时默认为 4 个。所有产品同开，有利于节约教学时间。

最小得单广告额：指如果小组要参与广告排名计算所需要投入的最少广告费。教学时默认为 5M。

计算选单次数的基数：指每增加一轮选单机会所需要增加投入的最少广告费。教学时默认为 10M。小组在选单时按广告费排名进行先后选单，每次只能选一张单，当第一轮选完后，系统根据基数确定可参与第二轮选单的小组，如此类推，直到选单完成。例如，最小得单广告额为 5M，基数为 10M，那么某小组如果投入 14M 的广告费，扣除 5M 最小得单广告额后，结余 9M，小于基数 10M，因此该小组只能参与第一轮选单。如果投入 18M 的广告费，同样的算法，该小组可参与第二轮选单，但不能参与第三轮选单。

竞单时间：指竞单时小组填写标书的最长时间。教学时默认为 90 秒。

竞单同拍数量：指竞单时同时提供给小组的单据数量。教学时默认为 3 个。

中标后需支付的标书费：指竞单后如果中标，小组所需要支付的标书费。教学时默认为 5M。

（四）采购参数

1 账期原材料采购数量：每次每种原材料采购数量小于"1 账期原材料采购数量"时，到货后，企业通过现金支付。当采购数量大于等于"1 账期原材料采购数量"，小于"2 账期原材料采购数量"时，货物到达企业后，形成 1 账期应付款。教学时默认为 11。

2 账期原材料采购数量：当采购数量大于等于"2 账期原材料采购数量"，小于"3 账期原材料采购数量"时，货物到达企业后，形成 2 账期应付款。教学时默认为 21。

3 账期原材料采购数量：当采购数量大于等于"3 账期原材料采购数量"，小于"4 账期原材料采购数量"时，货物到达企业后，形成 3 账期应付款。教学时默认为 31。

4 账期原材料采购数量：当采购数量大于等于"4 账期原材料采购数量"时，货物到达企业后，形成 4 账期应付款。教学时默认为 41。

（五）销售参数

销售订单违约金：如果小组对已获取的订单不能在约定的交货期内交货，系统将会视其为违约，并在订单上打上违约标记，在年末时小组按违约订单的总价支付违约金。教学时默认为订单总额的 20%。

违约订单是否继续交单：指对违约订单进行继续交单还是直接作废处理。如果继续交单，当交货期为第一季～第三季时，自动推迟到第四季，当交货期为第四季时，自动推迟到下一年第一季，以此类推。教学时默认为直接作废。

（六）融资参数

贷款上限为上年权益的倍数：指可申请的长期贷款、短期贷款加上未还清的长期贷款、短期贷款不能超过上一年所有者权益的倍数。教学时默认为 3 倍。

贷款分开还是合并计算：指在计算贷款上限值时，长期贷款与短期贷款的额度是分开计算还是合并计算。教学时默认为合并计算，用友手工沙盘采用的是分开计算。

短期贷款额度是否为 20 的倍数，长期贷款额度是否为 10 的倍数：指申请短期贷款时，贷款额度是否必须为 20 的倍数，申请长期贷款时，贷款额度是否必须为 10 的倍数。教学时默认为不需要，仅在模拟手工沙盘时才选择为必须。

长期贷款年利率：指利息额与长期贷款本金的比率。小组每年可申请一次长期贷款，每满一年支付一次利息，到期还本金，不可提前还贷。

最大长期贷款年限：指申请长期贷款时，最长可申请的年数。教学时默认为 5 年。

短期贷款年利率：指利息额与短期贷款本金的比率。小组每季可申请一次短期贷款，满 4 季一次性还本付息。教学时默认为 5%。

民间贷款年利率：指利息额与民间贷款本金的比率。民间贷款可随时申请，没有上限要求，满 4 季时与短期贷款一起一次性还本付息。教学时默认为 100%。

应收账款贴现率：指将应收账款变为现金所需要支付的贴现率。分为 1、2 账期贴现率与 3、4 账期贴现率。教学时默认 1、2 账期贴现率为 10%，3、4 账期贴现率为 12.5%。贴息的计算方法为：1、2 账期或 3、4 账期贴现额分别相加，然后再乘以对应贴现率，得到贴息，如有小数位，则只入不舍，贴现额扣除贴息后，余下部分变为现金。

（七）紧急业务参数

紧急采购产成品、原料价格倍数：指紧急采购产成品、原材料所需要支付的价格基于生产成本或正常原材料采购成本的倍数。紧急采购可随时进行。教学时默认紧急采购产成品所需支付的价格为生产成本的 3 倍，紧急采购原材料所需支付的价格为正常采购成本的 2 倍。紧急采购时产成品、原材料直接入库，无到货期。

紧急销售产成品、原料库存折价率：指紧急销售产成品、原材料的价格基于生产成本或正常原材料采购成本的百分比，紧急销售可随时进行。教学时默认紧急销售产成品的价格为生产成本的 100%，即按成本价销售，紧急销售原材料的价格为正常采购成本的 80%，即 8 折销售。销售价格如有小数位，只舍不入。

（八）FTP 参数

启用数据自动上传 FTP：指是否上传经营数据到指定的 FTP 服务器。上传的数据包括各小组结账前盘面、小组每年排名、小组每年报表。教学时默认为不上传。如果小组要启用上传，需要先搭建好 FTP 服务器。

FTP 地址、端口、上传路径：当启用数据自动上传 FTP 时，小组要指定 FTP 的 IP 地址、端口号以及在 FTP 中文件的存放位置。提交时，系统会对上传路径进行检查，如果无效，将自动取消"启用数据自动上传 FTP"参数。

（九）其他参数

小组是否可自行撤销操作：指是否开启小组自主撤销功能，如果开启，小组可通过自己的操作界面进行季度撤销，但只能撤销到最近一次选单完成后。如果不开启，则只能由教师在管理端进行撤销。教学时默认为开启。建议考试时，教师在适当时机关闭撤销功能，倒逼学生分工协作经营。

仪表盘显示方式：指小组盘面上的仪表盘显示的计量单位，选中表示×1，不选中表示×10，教学时默认为×10。

> ➤ 操作方法

首先，选择运行规则，如"教学"，然后检查一下其他参数，根据教学需要进行个性化调整，再提交即可。

> 友情提示

（1）相关人员在设置好参数后，一旦开始经营，不要轻易修改新厂房结算模式，如果把先结算改成后结算，会导致已结算的小组在年末时再次结算，如果把后结算改成先结算，会导致没有结算的小组到年末时不再需要结算。

（2）如果要与用友手工沙盘配合，请选择"手工"规则模板，再根据自己的需要做调整。

（3）FTP 参数已将 FTP 连接的用户名与密码内置于软件中，需要由系统管理人员搭建好FTP 并设置好用户与密码以及权限后才可使用。

（4）管理员需要确保服务器、小组客户端可以正常访问 FTP 才可使用。提交时，系统只对服务器是否可以访问 FTP 进行检查，无法对小组客户端是否可以访问 FTP 进行检查。

（5）教学时，大家只需要选择运行规则"教学"即可，其他参数由系统自动设置。

（6）利息的小数位四舍五入，贴息的小数位只入不舍，紧急销售价格的小数位只舍不入，所得税小数位四舍五入。

二、选择规则与订单

教师可以根据教学班级对沙盘对抗掌握的程度，选择导入不同难度的对抗规则，根据教学班级人数的多少，选择相适应的市场订单，功能界面如图 5-8 所示。

图 5-8　选择规则与订单

本功能由选择规则与选择订单两个功能组成，分别完成规则与订单的导入。系统已预置了手工沙盘、创业者沙盘、商战沙盘、教学专用沙盘等多种规则，以及与不同规则和小组数相对应的销售订单。

> 操作方法

（1）选择规则操作方法：打开"选择规则"界面，选取一个方案，单击"加载规则"按钮，完成规则的导入。

（2）选择订单操作方法：打开"选择订单"界面，选取一个方案，单击"加载订单"按钮，完成订单的导入。

（3）教师可单击"订单生成器"按钮，切换到订单生成器界面，自主设置订单生成条件，由系统自动生成订单。详细操作方法请参考本节"订单生成器"部分内容。

➢ 友情提示

（1）如果要与用友手工沙盘配合，请选择"手工沙盘规则"，并请选择用友手工沙盘对应组别的订单。

（2）可将编辑后的规则通过导出规则子模块中的"导出商战规则文件"功能生成文件。将生成的文件拷贝到规则文件夹中，修改文件名，即可成为系统可选择的方案之一。

（3）可将编辑后的订单通过导出订单子模块中的"导出为商战格式"功能生成文件。将生成的文件拷贝到订单文件夹中，修改文件名，即可成为系统可选择的订单方案之一。

三、选择操作流程

教师通过此功能，可以定制不同的操作流程。功能界面如图 5-9 所示。

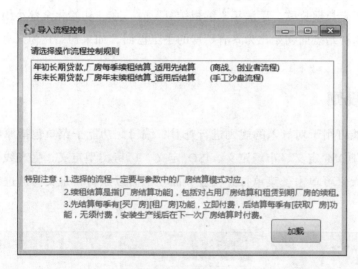

图 5-9 操作流程

系统提供"年初长期贷款，厂房每季续租结算"和"年末长期贷款，厂房年末续租结算"两种操作流程，以模拟两种不同的场景。在小组开始经营之前，教师如果需要改变场景，通过此功能导入即可。如果与上一次操作流程相同，不需要重新导入。

（1）年初长期贷款，厂房每季续租结算：即更新长期贷款与申请长期贷款在年初进行，厂房在每季都可增加（或买或租），每季都出现厂房结算功能，满 4 季后自动续租。付费方式由参数设置中的"新厂房结算模式"确定，如果是先结算，则小组在获取时需要选择买厂房或租厂房并付费，如果是后结算，则在获取厂房时系统只显示获取厂房，不用结算，在厂房安装生产线后，厂房变成占用状态，各小组在当季厂房结算时再确定购买还是租赁并付费。对此功能，各小组在初始化时无论是否有初始厂房，均可使用，不会产生逻辑矛盾。

（2）年末长期贷款，厂房年末续租结算：即更新长期贷款与申请长期贷款在年末进行，厂房不可增加，年末才出现厂房结算功能，只能在年末自动续租。如果选择此操作流程，在初始化盘面时，务必选择有初始厂房的盘面，不能使用只有现金没有厂房的盘面，因为不能增加厂房。参数设置中的"新厂房结算模式"无论是先结算还是后结算，到了年末，在厂房结算功能中都需要对占用状态的厂房选择购买或租赁，并付费。此操作流程不能增加新的厂房，专门为用友手工沙盘的初始盘面准备。如果小组选择只有现金没有厂房的盘面，则会产生矛盾。

➤ 操作方法

选择某一种流程，单击"加载"即可。

➤ 友情提示

（1）界面中操作流程后面的"先结算"与"后结算"提示，建议与系统参数"新厂房结算模式"对应。如果要与用友手工沙盘配合，建议选择"年末长期贷款，厂房年末续租结算"操作流程。其他教学环境，建议选择"年初长期贷款，厂房每季续租结算"操作流程。

（2）一旦确定加载没有问题，请不要轻易修改操作流程。

（3）系统管理员可通过修改数据库表记录，自定义个性化操作流程。

（4）选择"年末长期贷款，厂房年末续租结算"时，在"初始化全部小组初始盘面"功能中务必将各小组的初始盘面初始化为具有厂房的手工盘面，如果初始化为只有现金，则无法获得厂房。

四、编辑规则

编辑规则功能可用于对导入的规则进行查看、编辑。功能子菜单包括原材料定义、产品定义、产品构成 BOM 定义、市场定义、ISO 定义、厂房类型定义、生产线类型定义、折旧费明细定义等。大家可单击子菜单打开相应界面。下面以原材料定义为例进行说明，界面如图 5-10 所示。

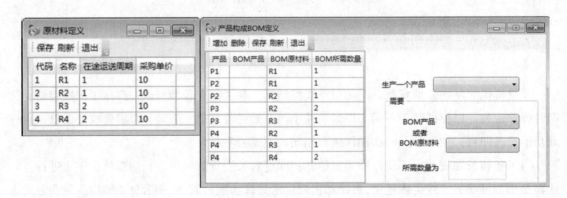

图 5-10　编辑规则

所有定义界面以表格方式显示基本数据，编辑时代码不可修改，其他都可修改。以原材料为例，可将名称修改为个性化名称，可调整在途运送周期、采购单价。产品构成定义与折旧费明细定义两个功能除了以表格方式显示基本定义外，还在窗口右边显示辅助对象内容，方便编辑。

（1）原材料定义字段包括代码、名称、在途运送周期、采购单价。

（2）产品定义字段包括代码、名称、研发需要的周期、每期开发费用、选单排序、生产所需人工费、BOM产品成本、BOM原材料成本、单项分值。

（3）产品构成BOM定义字段包括产品、BOM产品、BOM原材料、BOM所需数量。

（4）市场定义字段包括代码、名称、研发需要的周期、每期研发所需要的资金、选单排序、单项分值。

（5）ISO定义字段包括代码、名称、研发需要的周期、每期研发所需资金、单项分值。

（6）厂房类型定义字段包括代码、名称、购买价格、每年租赁费用、销售价格、生产线容量、单项分值。

（7）生产线类型定义字段包括代码、名称、购买价格（每期）、安装周期、生产周期、转产周期、转产费用、维护费用（租金）、残值（销售/退租收入）、折旧年数、折旧费、单项分值。

（8）折旧费明细定义字段包括生产线类型ID、生产线类型、年份、折旧额。

➤ 操作方法

（1）原材料定义、产品定义、市场定义、ISO定义、厂房类型定义、生产线类型定义的操作方法为：选择相应的行，在相关字段单元格中录入内容后，单击"保存"按钮。

（2）产品构成BOM定义与折旧费明细定义的操作方法为：在右边对象中进行选择或录入，再单击"保存"按钮。

（3）产品构成BOM定义保存后，务必进入产品定义功能中，单击"重算BOM成本"，以计算最新成本。

（4）生产线类型定义保存后，请务必单击"生成折旧费明细"，系统会按定义的参数自动生成每年的折旧费。

➤ 友情提示

（1）只能对规则进行部分调整，为防止误操作，系统屏蔽了增加与删除功能，如果需要增行，请通过选择新的规则实现，或在后台数据库中增加。

（2）请认真核对规则，根据自己的需要做适当调整。

（3）可到折旧费明细中进行个性化折旧费定义，以模拟"加速折旧法""双倍余额递减法"等折旧算法。

（4）生产线类型中如果需要定义租赁线，务必将安装周期与购买价格设置为0；维护费用理解为每年的租金进行定义，并务必定义为负值；残值理解为退租收入进行定义，并务必填写负值（相当于退租时需支付费用）；折旧费设置为0M，折旧年数随意填写。

（5）生产线类型中的折旧年数与折旧费这2个参数，仅仅是为系统生成折旧费明细表提供支持，在每年的折旧费计算过程中，并不会根据这2个参数进行即时计算，而是到折旧费明细表中，根据生产类型与年份，查询对应的折旧费。

五、导出规则

导出规则功能可将系统内的规则导出为指定格式的文件。界面如图5-11所示。

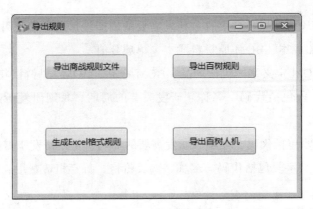

图 5-11　导出规则

➤　界面中功能按钮的含义如下。

（1）导出商战规则文件：将规则按"商战"格式生成本地文件，此格式的文件可作为新道的商战或创业者平台（2.0 版）的规则导入文件，也是本系统的规则导入文件。

（2）导出百树规则：将规则按"百树"格式生成本地文件，此格式文件可作为百树的商战或创业者平台的规则导入文件。

（3）生成 Excel 格式规则：将经营规则导出到本地，形成 Excel 文件，教师可将此文件传给参与学习的学生。

（4）导出百树人机：将规则按"百树"人机交互系统格式生成本地文件，此格式文件可作为百树的人机交互系统规则导入文件。

➤　操作方法

单击相应导出按钮后，为弹出的文件选择保存路径与文件名，单击"保存"即可。

➤　友情提示

（1）导出的商战规则文件可拷贝到系统对应的规则文件夹中，对其进行重命名后，即可成为系统可选择的方案之一。

（2）"导出百树规则"与"导出百树人机"这两个功能受"百树"沙盘软件开发者委托而开发，其导出的文件可在"百树"软件中直接导入。

（3）单击"导出百树规则"与"导出百树人机"按钮导出的 Excel 文件，经过简单处理后，可作为新道的新商战（5.0 版）规则生成工具的导入文件，方便该工具生成自己的规则文件。

（4）由于本软件已在阿里云上公开部署，并公布了试用教室的用户名与密码，通过此功能可自助生成所需要的规则文件。

六、订单生成器

订单生成器功能用于快速生成个性化订单，界面如图 5-12 所示。

界面由总体规则、详细规则、订单生成、订单结果四个页面组成。管理员首先通过在总体规则页面中选择平均每组所有年毛利润之和，确定市场松紧度。再通过选择单产品毛利润与小组数量，得到总毛利之和。通过调查各产品总毛利权重与单产品毛利比重，得到产品均价与均数量。通过调查每个产品的数量权重与单价波动权重，得到每个产品每年的总数量与均价。然后在详细规则页面中指定每年某产品某市场的数量权重与单价波动权重，得到每年每个产品各市场的数量与单价。通过"生成订单数"功能得到订单数。最后在订单生成页面中确定账期、交货期、ISO证书，给定其他参数后，系统即可生成订单。生成过程既可正向推导，也可反向推导。单击图5-12 中的"生成详细数据→"按钮为正向推导，单击"←!反推"按钮为反向推导。

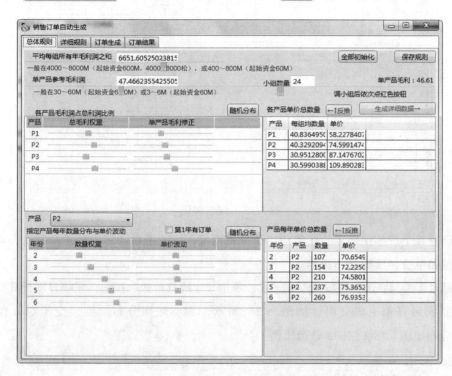

图 5-12　订单生成器

> 操作方法

（1）在总体规则中设置平均每组所有年毛利润之和，教学时初始资金一般设定为 700M，竞赛时一般设定为 600M。教学时平均每组所有年毛利润之和为 7000～15000M，值越大，市场越宽松，市场需求量越大。竞赛时该值一般在 4500～7000M，低于 4500M 时，市场非常小，竞争极度残酷。

（2）设置所有产品平均毛利润和比赛小组的数量。

（3）调整各产品毛利润占总毛利的权重，系统自动根据总毛利权重算出各产品小组的均数量和均价。管理员也可手动录入均数量和单价，向上反推产品平均毛利润与平均每组所有年毛利之和。

（4）设置每个产品在每年的数量权重与单价波动幅度，由系统自动算出数量和单价，还可以单击随机分布，使系统自动调整权重和波动。管理员也可以直接录入数量和单价，反推数据。

（5）单击"生成详细数据"按钮，系统自动切换到详细规则页面，如图 5-13 所示，并自动随机生成各产品在各市场的数量与单价。

图 5-13　详细规则

（6）调整每个产品在每年的数量与单价分布情况，由系统自动算出数量和单价，也可以手工录入数量和单价，反推总体规则。

（7）通过下拉列表选择订单数生成方式，单击"生成订单数"按钮，系统自动计算订单数。

（8）切换到订单生成页面，如图 5-14 所示，调整账期分布规则、交货期分布规则、ISO 9000 分布比例、ISO 14000 分布比例。

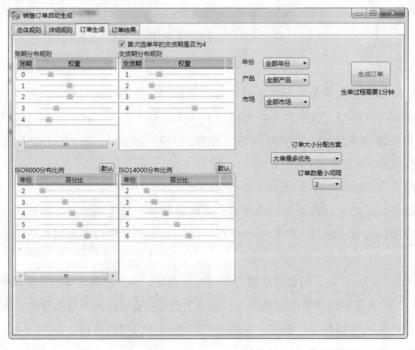

图 5-14　订单生成

（9）选择"年份""产品""市场""订单大小分配方案"，单击"生成订单"按钮，系统自动生成具体的订单明细（在订单结果页面中显示），如图5-15所示。

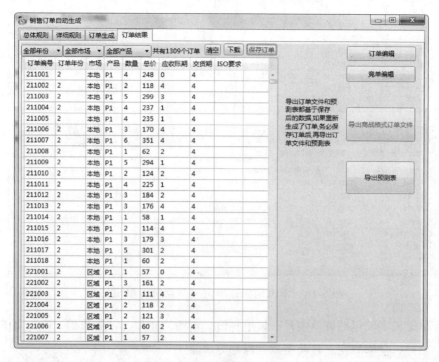

图 5-15　订单结果

（10）保存订单。如果要让订单生效，必须单击"保存订单"按钮。

（11）导出订单文件，在导出前，可单击"订单编辑"按钮，对生成的订单进行修改，导出的订单依据保存后的订单生成。

➤　友情提示

（1）使用订单生成器之前，务必先要定义完成经营规则，因为订单生成功能需要调用经营规则。

（2）可在详细规则中录入预测表，通过反向推导，得到总体规则，模拟生成订单结果。

（3）生成的订单结果务必保存，这样才能在系统中生效。

（4）可通过在订单生成界面，选择指定年份、指定产品、指定市场，结合详细规则，分块拼接生成个性化订单。

七、编辑订单

编辑订单包括销售订单定义与竞价订单定义。管理员通过销售订单定义可对导入或生成的订单进行编辑，可对现有订单进行微调，可增加、修改或删除订单；通过竞价订单定义可对竞价订单进行快速生成与编辑。功能界面如图5-16所示。

销售订单定义字段包括订单编号、订单年份、市场、产品、订单数量、订单总价、应收款账期、交货期、ISO要求。工具栏提供增加、删除、保存等功能。

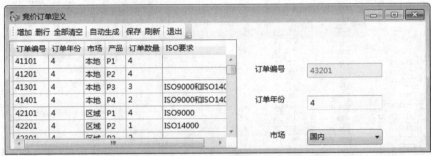

图 5-16　编辑销售订单定义与竞价订单定义

竞价订单定义字段包括订单编号、订单年份、市场、产品、订单数量、ISO 要求。工具栏提供增加、删行、全部清空、自动生成、保存等功能。

➢ 操作方法

（1）销售订单增加：单击工具栏上的"增加"按钮，录入订单编号（要求具有唯一性）以及其他信息，单击工具栏上的"保存"按钮。

（2）销售订单修改：单击选中表格中要修改的行，在右边修改订单信息后，单击工具栏上的"保存"按钮。

（3）销售订单删除：单击选中表格中要删除的行，单击工具栏上的"删除"按钮。

（4）竞价订单自动生成：单击工具栏上的"自动生成"，打开自动生成竞单界面，如图 5-17 所示，录入年份、各市场产品订单个数、销售数量最大值，单击"生成"后，即可生成订单。

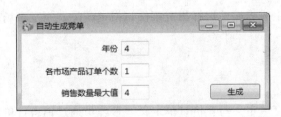

图 5-17　自动生成竞单

（5）竞价订单增加：单击工具栏上的"增加"按钮，录入订单编号（要求具有唯一性）以及其他信息，单击工具栏上的"保存"按钮。

（6）竞价订单修改：单击选中表格中要修改的行，在右边修改订单信息后，单击工具栏上的"保存"按钮。

（7）竞价订单删除：单击选中表格中要删除的行，单击工具栏上的"删除"按钮，还可直接单击工具栏上的全部清空，删除所有竞价订单。

➤ 友情提示

（1）通过对销售订单的编辑，可将大单分解为小单，也可将小单合并为大单。

（2）通过对竞价订单的编辑，可对订单进行微调。

八、导出订单

导出订单功能可将订单按规定的格式导出。功能界面如图 5-18 所示。

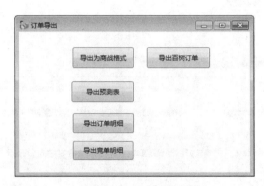

图 5-18　导出订单

界面中功能按钮的说明如下。

（1）导出为商战格式：按新道的商战格式生成本地订单文件，该订单文件可作为新道的商战或创业者平台导入文件，也可作为本系统的导入文件。

（2）导出百树订单：按百树的格式生成本地订单文件，该订单文件可作为百树的商战或创业者平台导入文件。

（3）导出预测表：按订单明细汇总自动生成订单预测表，作为订货会的预测文件。

（4）导出订单明细：将订单原始记录生成本地文件。

（5）导出竞单明细：将竞单原始记录生成本地文件，作为竞单会的预测文件。

➤ 操作方法

单击相应导出按钮，为弹出的文件选择保存路径与文件名，单击保存即可。

➤ 友情提示

（1）导出的商战格式文件可拷贝到系统对应的订单文件夹中，对其进行重命名后，其即可成为系统可选择的订单方案之一。

（2）导出百树规则与导出百树人机功能受"百树"沙盘软件开发者委托而开发，其导出的文件可在"百树"软件中直接导入。

（3）按百树订单的格式导出文件，将文件进行简单编辑后，可在新道的新商战（5.0 版）订单生成工具中导入此文件，继而生成新商战导入格式文件。

（4）由于本软件已在阿里云上公开部署，并公布了试用教室的用户名与密码，通过此功能可自助生成所需要的订单文件。

九、初始化全部小组初始盘面

管理员可以根据外部盘面文件，或者选择系统内置的盘面，来初始化指定数量的小组初始盘面。初始化后的经营数据会被最新的经营过程中产生的数据覆盖，初始盘面在每次重新开始经营时都需要重新选择。在初始化小组盘面时，会同步初始化小组登录口令，登录口令默认为与小组代码相同。功能界面如图 5-19 所示。

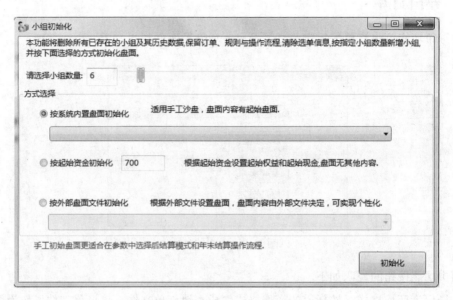

图 5-19　初始化小组盘面

界面说明如下。

（1）小组数量：指定小组的数量，可在实际小组数量的基础上增加一组，用于模拟政府统购统销操作。

（2）按起始资金初始化：将盘面设置成只有现金，没有任何其他内容。初始资金取参数设置中的股东资本。

（3）按外部盘面文件初始化：管理员可以根据自己的需要制作个性化的初始盘面文件，拷贝到系统中，模拟不同的初始经营环境。制作初始盘面功能未对外开放，后期完善后再开放。

（4）按系统内置盘面初始化：系统内置一个第一年年初的手工盘面，用于满足模拟用友手工沙盘模式上课的需要。

➢ 操作方法

选择或录入小组数量，选择初始化方式，单击"初始化"按钮。

➢ 友情提示

（1）指定小组数量时，建议在实际小组数量的基础上多增加一组，留给教师模拟政府完成统购统销操作。

（2）如果要与用友手工沙盘配合，请勾选"按系统内置盘面初始化"选项。

（3）在流程规则中选择"年末长期贷款，厂房年末续租结算"时，初始盘面必须预置空厂房，不要勾选"按起始资金初始化"选项。

（4）初始化小组数量小于 10 时，登录小组代码为 1 至小组数；小组数量大于等于 10，小于 99 时，登录小组代码为 01 至小组数；小组数量大于等于 100，小于 999 时，登录小组代码为 001 至小组数。

（5）当小组数量大于 100 时，只能在"小组数量"文本框中录入。

（6）小组初始口令与代码相同。

十、修改小组口令

管理员通过此功能对指定小组的口令进行修改。功能界面如图 5-20 所示。

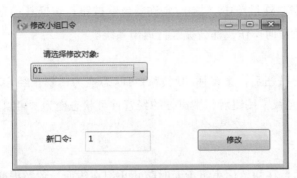

图 5-20　修改小组口令

其中，"请选择修改对象"下拉列表中列举了所有小组，以供选择。新口令默认为 1，可修改。

➢ 操作方法

选择小组，输入新口令，单击"修改"即可。

➢ 友情提示

（1）此功能可在小组口令遗失时重新设置口令。

（2）初始化完成后，管理员可强行修改小组口令为各自不同的口令，然后将口令交给各小组。

十一、允许开始经营

允许开始经营指对小组进行经营控制，控制小组是否可以开始经营。此功能的主要目的是让小组能同时开始经营，保证对抗的公平性。

本功能无独立界面，在菜单中显示为一开关项，在工具栏中显示为一开关按钮，并通过主窗体显示经营许可状态，管理员可通过单击"禁止/允许经营"按钮，切换其状态。

➢ 操作方法

单击"禁止经营"按钮后，主窗体的经营许可状态变为"禁止经营"，按钮名称变为"允许经营"；单击"允许经营"按钮后，主窗体的经营许可状态变为"可以开始经营"，按钮名称变为"禁止经营"。

> 友情提示

如果各小组在第一年就需要投广告费，当小组投放的广告费相同时，系统会根据提交广告的时间顺序排名，使先投者先选。此时，教师需要先禁止经营，在所有准备工作做好之后，再允许经营，以显示公平。

十二、允许登录系统

允许登录系统指对小组进行登录控制，控制小组是否可以登录系统，进入主窗口操作界面。

本功能无独立界面，在菜单中显示为一开关项，在工具栏中显示为一开关按钮，并通过主窗体显示登录许可状态，通过单击"禁止/允许登录"按钮，切换其状态。当不允许登录时，如果小组在线，小组做任何操作，都会被强行退出系统。

> 操作方法

单击"禁止经营"按钮后，主窗体的经营许可状态变为"禁止经营"，按钮名称变为"允许经营"；单击"允许经营"按钮后，主窗体的经营许可状态变为"可以开始经营"，按钮名称变为"禁止经营"。

> 友情提示

该功能的主要目的是在初始化小组盘面时防止小组在线而导致数据冲突。

十三、修改管理员口令

修改管理员口令即对指定管理员对象口令进行修改，修改时，无须对原口令进行验证。功能界面如图 5-21 所示。

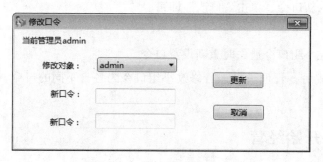

图 5-21　修改管理员口令

其中，"修改对象"下拉列表中显示可修改的对象。修改时，在"新口令"中录入新口令，需要录入两次。

> 操作方法

选择修改对象，输入两次新口令，单击"更新"按钮。

> 友情提示

（1）可通过后台数据库增加权限为 admin 的用户作为教师用户，也可增加权限为 manage

的用户作为管理员用户。

（2）当权限为 admin 的用户登录时，修改对象只有当前登录用户，当权限为 manage 的管理员用户登录时，修改对象为所有 admin 权限用户与 manage 用户。

（3）可将 manage 权限的用户作为最高管理员用户，将 admin 权限的用户转给其他任课教师使用，并督促任课教师通过此功能修改口令。

（4）在小组初始化时，教师用户与管理员用户不会修改与删除。

第四节 业务管理

一、小组注资

小组注资功能可增加指定小组的资金和当年的权益。在对抗过程中，小组很容易出现现金断流而破产的情况，破产后，将无法完成后面对抗过程的学习。为了保证破产小组能继续完成课程练习，同时也为了保持经营对抗的竞争状态，教师需要额外增加破产小组的现金。功能界面如图 5-22 所示。

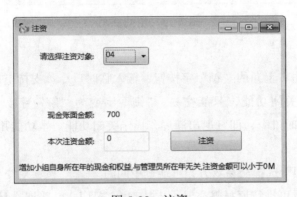

图 5-22 注资

其中，在"请选择注资对象"下拉列表中选择需要注资的对象，在"本次注资金额"中填写金额，注资金额可以大于 0M，也可以小于 0M，当大于 0M 时，增加现金和所有者权益，当小于 0M 时，减少现金和所有者权益。

➤ 操作方法

选择注资对象，录入本次注资金额，单击"注资"按钮，然后系统提示注资成功，现金账面金额发生变化。

➤ 友情提示

（1）注资会改变指定小组所在年的现金与所有者权益，与管理员所在年无关。

（2）注资会导致注资当年所有者权益变化，对下一年贷款额度产生影响。

（3）注资是一种不公平的行为，教学过程中不建议使用。教师可通过降低民间贷款利率模拟政府救市行为，缓解小组资金压力。也可鼓励通过组间交易中的组间借贷、现金赠送等企业行为，缓解小组资金压力。

二、组间交易

组间交易功能给各小组提供组间交易平台。平台支持原材料交易、产成品交易、组间借贷、现金赠送、订单转让。操作界面如图 5-23 所示。

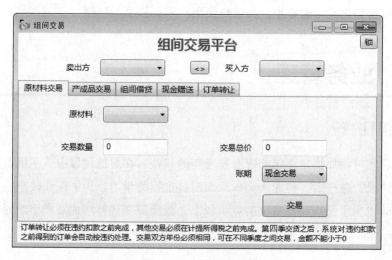

图 5-23　组间交易

界面说明如下。

（1）锁定：可单击右上角的"锁"字按钮，输入临时口令（支持空口令），此时窗口自动放大到满屏，窗口无关闭功能，只能交易，"锁"字变为"解"字。当需要关闭时，单击"解"字按钮，输入临时口令，即可退出满屏，显示关闭功能。本功能用于防止学生关闭交易窗口。

（2）交易对象：用于选择交易双方，可通过中间的"[<>]"按钮对交易双方进行切换。

（3）原材料交易：可进行原材料交易，支持现金交易与 4 账期交易，交易金额不能小于0M，交易过程中系统将检查买入方的现金以及卖出方的库存是否支持交易。

（4）产成品交易：可进行产成品交易，支持现金交易与 4 账期交易，交易金额不能小于0M，交易过程中系统将检查买入方的现金以及卖出方的库存是否支持交易。

（5）组间借贷：可进行组间借贷，贷款周期固定为 4 账期，不能修改，本金与利息一并进入借出的 4 账期应收账款（借入方为应付账款），到期时系统自动结清本息，各小组无须再次手动交易，交易金额必须大于 0M，利息不能小于 0M，交易过程中系统将检查借出方的现金是否支持交易。

（6）现金赠送：赠送金额必须大于 0M，交易过程中系统将检查赠出方的现金是否支持交易。现金赠送时，赠出方现金减少，所有者权益减少，接收方现金增加，所有者权益增加。此功能将直接降低赠出方的所有者权益。大家可通过赠出方与接收方双向现金赠送，模拟企业之间的借钱行为，并可把利息加到反向现金赠送金额中。

（7）订单转让：可交易销售订单，支持现金交易与 4 账期交易，交易金额不能小于 0M，买入方的当前时间（当前季度）必须小于等于订单的交货时间（交货期）。交易过程中系统将检查买入方的现金以及卖出方的订单是否支持交易，已交货或已违约的订单不能交易。

> 操作方法

单击进入原材料交易、产成品交易、组间借贷、现金赠送、订单转让页面，选择一个交易类型，选择交易对象（组间借贷、现金赠送不需要选择交易对象），输入交易数量或金额，选择账期（现金赠送无账期，组间借贷固定为 4 账期），单击"交易"按钮，然后系统会给出交易提示。

> 友情提示

（1）建议教师将组间交易功能放置在一到两台计算机中供学生交易时使用，并监督学生交易。

（2）交易必须在同一年进行，不要求在同一季，可跨季交易，与管理端年份无关。

（3）教师开放交易功能时，强烈建议关闭学生的撤销功能，如果学生单方面撤销，会导致单方面的交易还原到未交易的状态。

（4）订单转让必须在违约扣款之前完成，其他交易必须在计提所得税之前完成。因为计提所得税之后的交易会导致企业税前利润变化，违约扣款之后系统将无法处理订单。

（5）各小组在第四季交货之后违约扣款之前得到的订单如果不及时交货，将被系统按违约处理，不建议在交货之后获取订单。

（6）在原材料交易与产成品交易时，教师应提醒学生注意原材料的成本与产成品的成本。订单转让的交易成本是广告费，不是订单上产品的生产成本。

（7）小组间如果需要相互拆借，建议通过现金赠送功能手动双向交易实现，避免使用组间借贷，因为组间借贷后，借出方的应收账款可通过贴现成为现金，会凭空多出现金。

（8）当某小组通过现金赠送功能借钱给其他小组时，教师务必提醒赠出方小组，要在当年计提所得税之前要求接收方还钱，否则会直接降低赠出方的所有者权益，影响下一年贷款额度。

（9）如果要模拟政府统购统销功能，建议教师在设置小组时多定义一个小组，其他组可与此小组交易。教师根据市场情况宣布，按均价的 8～9 折收货，按 1.1～1.2 倍的价格卖货。

三、进入下一年、回撤到上一年

进入下一年、回撤到上一年功能可将系统的当前年份进行切换。当前年份对订货会（自动模式）、订货会（手工模式）和竞单有直接的影响，各小组只有切换到下一年，才能开始新一年的订货会（自动模式）、订货会（手工模式）和竞单。如果要查看最新年份的经营进度和广告投放情况，也需进入最新年份。是否进入下一年，不影响小组的广告投放、小组注资、组间交易。进入下一年后，管理员将不能对上一年的小组进行手工模式补单（通过手工模式的订货会实现）。

本功能无独立界面，在菜单中显示为一功能菜单，在工具栏中显示为"进入下一年"功能按钮，在主窗体中显示为当前年份，管理员可通过"刷新"显示最新的当前年份，通过单击

"进入下一年"与"回撤到上一年"功能菜单，切换系统当前年份。

> 操作方法

（1）进入下一年：选单完成后，单击"进入下一年"按钮，然后系统显示的年份从当前年份进入下一年。

（2）回撤到上一年：开始选单前，单击"回撤到上一年"按钮，然后系统显示的年份从当前年份返回到上一年。

（3）刷新：单击主窗体中的"刷新"按钮后，系统自动显示最新当前年份。

> 友情提示

（1）进入下一年前，要保证没有小组需要补单，教师最好等到所有小组当年结账后，再进入下一年，以方便查看经营进度。

（2）如果不小心进入了下一年，可以通过"回撤到上一年"返回到本年。

（3）开启订货会后，系统不能回撤到上一年，当年订货会没有结束时，无法进入下一年。

（4）如果已开始选单或选单已完成，想回撤到上一年，可以通过"小组数据还原"中的"统一恢复"功能，返回选单前状态，再通过"回撤到上一年"功能进行回撤。

四、订货会（手工模式）

教师通过手工模式的订货会，可以看到各小组的广告明细、指定市场广告合计、上年销售额及是否违约，可根据这些信息对选单顺序进行排名，并通过教室内的大屏幕显示，模拟人工沙盘选单过程，然后由小组选择订单，教师操作计算机完成选单过程。功能界面如图 5-24 所示。设计此功能有以下目的。

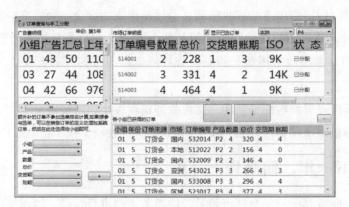

图 5-24　订货会（手工模式）

（1）可以用于查看各小组的广告情况和待选订单明细，教师可通过此功能对各小组广告投放情况进行分析与点评。

（2）可以模拟手工选单过程，教师可组织各小组在大屏幕前集中选单，营造竞争氛围。

（3）可以对个别小组额外补发订单或调整订单，避免在自动选单时，个别小组因操作失误没有选到单，或误选订单的情况出现。

（4）可以根据市场竞争激烈情况临时增补订单，让企业不因市场太紧而导致大面积破产。

界面分为五大区域，分别为可选订单区（右上）、功能选择区（右中）、已获订单区（右下）、广告明细区（左上）、额外补发订单区（左下）。

可选订单区：各小组在右上方选择市场与产品类型后，系统显示自带的订单，同时提供"显示已选订单"选项，各小组通过此功能可将已分配的订单屏蔽。

功能选择区：提供选择分配对象（下拉列表）、选择订单（"↓"）按钮与删除订单（"-"）按钮。

已获订单区：按小组号与产品类型排序显示所有已获得的订单。

广告明细区：显示各小组指定市场与产品的广告明细、广告汇总、上年销售额与上年违约情况，以方便确定选单顺序。

额外补发订单区：提供自定义补发订单功能，可自行确定小组、产品、数量、总价、交货期、账期，所补订单不属于任何市场，不参与市场老大的销售额排名计算。

➤ 操作方法

（1）选择已有订单的方法：选择右上角的市场与产品，在可选订单区选择某一订单，在功能选择区下拉列表中选择小组，单击"↓"按钮，订单自动增加到已获订单区。各小组可通过单击选中或取消选中"显示已选订单"选项，将已分配的订单屏蔽或显示。

（2）增加自定义订单的方法：在额外补发订单区选择小组，选择产品，录入数量与单价，选择交货期与账期，单击"+"按钮后，订单自动增加到右下方的已获订单区。

（3）删除小组指定订单的方法：在已获订单区找到指定小组的指定订单，在功能选择区单击"-"按钮即可（已违约或已交货的订单无法删除）。

➤ 友情提示

（1）教师只能给小组补发当前年份的订单，不能跨年补发订单。可通过"进入下一年""回撤到上一年"功能调整当前年份。

（2）为了能及时修正选单过程中的问题，手工模式的订货会在当年的任何时候都可以使用，包括选单过程中。

（3）如果选中"显示已选订单"选项，则可以对已分配的订单进行重复分配。

（4）自定义销售订单时，对数量与单价的值系统没有限制，可随意定义。

（5）删除订单时，已违约或已交货的订单无法删除。

五、订货会（自动模式）

自动模式的订货会是指由教师通过管理端发出控制指令，由服务器控制选单顺序和选单时间，各小组参与选单的过程。订货会管理主要完成"开始选单""暂停/继续选单""完成选单"三个操作，选单过程中教师可根据教学需要动态调整选单时间。显示界面可投放到大屏幕中显示。功能界面如图5-25所示。

界面由功能区（上方）、选单队列区（左边）、可选订单区（右上）、已选订单区（右下）组成。

功能区：提供操作功能，在订货会开始之前，会显示"开始"按钮，订货会开始之后，会显示"暂停"按钮，当单击"暂停"按钮后，会显示"继续"按钮。"开始/暂停/继续"按钮可控制选单是否开始或继续；"完成"按钮可在选单没有结束时主动结束选单；修改"选单时间"可控制小组的选单倒计时时间；选中"自动更新待选订单"选项后，系统将在可选订单区显示指定队列的可选订单；选中"自动更新已选订单"选项后，系统将在已选订单区显示指定队列已选中的订单。

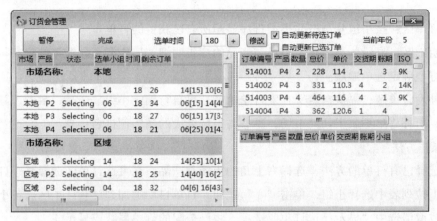

图 5-25　订货会（自动模式）管理

选单队列区：以市场+产品类型方式每行显示一组队列，投放了该队列广告的小组自动在此队列中进行选单排序。每个队列动态显示市场名称、产品名称、选单状态、当前选单小组、选单倒计时时间、剩余订单数量、当前队列排序。

可选订单区：根据选单队列显示选定市场+产品可供选择的订单明细，受"自动更新待选订单"选项影响。

已选订单区：根据选单队列显示选定市场+产品已经选择的订单明细，受"自动更新已选订单"选项影响。

➤ 操作方法

（1）开始选单。在各小组广告投放完成后，教师首先单击"开始"选单按钮，应用层接到指令后，完成小组排名的计算，并开始对市场和产品进行选单倒计时，此时，各小组即可开始选单。指定小组在倒计时为 0 之前，必须完成指定市场产品的选单，否则，视为自动放弃订单，不能参与下一轮选单。

（2）暂停/继续选单。当选单过程出现意外情况时，可以通过单击"暂停"选单按钮停止选单，然后通过手工模式修正错误，再单击"继续"选单按钮。

（3）完成选单。当所有市场和产品选单完成后，系统会自动进入选单完成状态，无须干预，各小组就可以开始四个季度的日常业务操作。如果选单中途想结束选单，可手动单击"完成"按钮，切换到选单完成状态。

（4）调整选单时间。单击"-"或"+"修改选单的秒数后，单击"修改"按钮保存。

➤ 友情提示

（1）开始选单前，请核对系统当前年份是否为当前需要选单的年份，可通过"进入下一年""回撤到上一年"功能切换当前年份。

（2）教师可以通过"小组操作撤销"功能将数据统一恢复到选单前状态，然后进行重新选单。

（3）开始选单后，界面关闭不会导致选单过程中断。

（4）选单受系统参数"市场同开数"与"产品同开数"影响，具体请查看相关系统参数说明。

（5）在开始选单前，教师请核对选单时间，不能过短，在市场产品同开的条件下，建议选单时间为180秒。在选单过程中，可选订单数量减少后，教师可适当减少选单时间，并提醒各小组尽快选单。

（6）在选单过程中，小组不能撤销，不能经营。

（7）小组对已选取的订单如果要删除，可在订货会（手工模式）中删除。

（8）若在选单过程中发生跳单，教师可在订货会（手工模式）中补发订单。

六、竞单管理

竞单管理是指由教师通过管理端发出控制指令，由服务器自动按批次发放订单，各小组自主投标抢单的过程管理。竞单管理主要完成"开始竞单""暂停/继续竞单""完成竞单"三个操作，竞单界面可投放到大屏幕中显示。功能界面如图5-26所示。

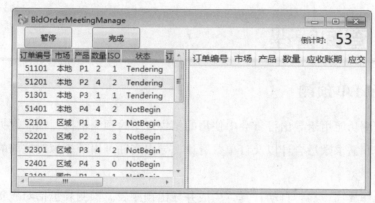

图 5-26　竞单管理

竞单管理界面由功能区（上方）、竞单队列区（左边）、中标订单区（右边）组成。

功能区：提供操作功能，"开始/暂停/继续"按钮可控制竞单是否开始或继续；"完成"按钮可在竞单没有结束时主动结束竞单，"倒计时"显示当前批次竞单倒计时时间。

竞单队列区：该区域显示所有可发放的订单，系统按顺序分批发放订单，每批数量受系统参数设置中的"竞单同拍数量"控制。

中标订单区：显示已经中标的订单明细。

➢ 操作方法

（1）开始竞单。各小组在竞单前无须投放广告，教师首先触发开始竞单，应用层接到指令后，开始发放订单，此时各小组即可开始投标，在倒计时为0之前，完成投标数据的提交。

（2）暂停/继续竞单。当选单过程出现意外情况时，教师可以通过"暂停"选单功能停止竞单，对意外处理完成后，再"继续选单"。

（3）完成竞单。当所有市场和产品选单完成后，单击"完成"，各小组就可以开始四个季度的日常业务操作了。

➢ 友情提示

（1）开始竞单前，请核对系统当前年份是否为当前需要竞单的年份，可通过"进入下一年""回撤到上一年"功能切换当前年份。

（2）订货会与竞单没有先后顺序，可以同时进行，也可以先后进行。

（3）教师可以通过"小组操作撤销"功能将数据统一恢复到选单前状态，然后进行重新竞单。

（4）开始竞单后，界面关闭不会导致竞单过程中断。

（5）竞单受系统参数"竞单时间""竞单同拍数量""中标后需支付的标书费"影响，具体请查看相关系统参数说明。

（6）在竞单过程中，小组不能撤销，不能经营。

（7）小组对已取得的订单如果要删除，可在订货会（手工模式）中删除，但系统不会归还标书费。

（8）小组可有选择性地竞标，只要现金可支付当前轮次最大中标标书费，即可参与投标。

第五节　查询管理

一、市场订单预测

市场订单预测功能用于导出订货会中使用的销售订单的预测数据，预测数据是按市场和产品计算出的均价和需求数量合计以及订单数合计，导出文件可用于模拟对抗前的市场预测信息发布。

本功能无操作界面，后台自动计算，生成并导出预测表。预测表包括对应年份、市场、产品的数量、价格、单数，价格保留两位小数。

➢ 操作方法

单击"市场订单预测"子菜单，为弹出的文件选择保存位置，并修改文件名，单击"保存"按钮保存。

➢ 友情提示

导出的预测表是 Excel 格式的。

二、经营进度查询

教师通过经营进度查询功能查询各小组的经营进度，以控制教学的节奏。功能界面如图5-27 所示。

图 5-27　经营进度查询

界面按小组排序，显示各小组最后所在期间与经营进度。教师可通过修改年份显示以前年份的经营进度。选中"自动刷新"复选框后，教师无须反复单击查询，可通过调整窗口大小与竖形进度条，缩小放大文字。

➢ 操作方法

（1）打开查询窗口：单击"经营进度查询"菜单，打开相应窗口，将窗口调整为合适大小，调整进度条缩放文字。

（2）查询上一年经营状况：在年份下拉列表中选择上一年份，单击"查询"按钮。

➢ 友情提示

（1）系统默认已选中"自动刷新"复选框，打开后即为自动刷新模式。

（2）教师可在大屏幕上显示此内容，可通过调整进度条来控制文字的大小。

（3）教师可将倒计时功能与经营进度查询组合在大屏幕上显示，以提醒学生。

（4）如果已切换到下一年，而学生在上一年，则教师可通过选择年份查看进度。

三、广告投放情况查询

广告投放情况查询功能用于查询各小组的广告投放是否完成，投放完成后，才能开始选单。功能界面如图 5-28 所示。

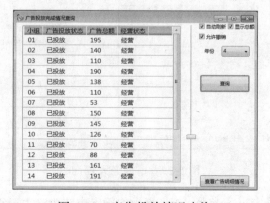

图 5-28　广告投放情况查询

界面按小组排序，显示各小组广告是否投放、当年广告总额情况，以及经营状态。教师可通过修改年份查看以前年份的广告投放情况。选中"自动刷新"复选框后，教师无须反复单击查询，还可通过调整窗口大小与进度条，缩小放大文字。单击选中或取消选中"显示总额"复选框可控制是否将广告总额显示出来。单击选中或取消选中"允许撤销"复选框可控制各小组是否可以自行撤销。

> 操作方法

（1）打开查询窗口：单击"广告投放情况查询"菜单，打开相应窗口，将窗口调整为合适大小，调整进度条缩放文字。

（2）查询上一年广告投放情况：在年份下拉列表中选择上一年份，单击"查询"按钮。

（3）显示/关闭总额：选中或取消选中"显示总额"复选框即可，无须单击"查询"按钮。

（4）允许/关闭撤销：选中或取消选中"允许撤销"复选框即可，无须单击"查询"按钮。

> 友情提示

（1）系统默认已选中"自动刷新"复选框，打开后即为自动刷新模式。

（2）教师可在大屏幕上显示此内容，可通过调整进度条来控制文字大小。

（3）教师可配合倒计时功能，将其在大屏幕上显示，以提醒学生。

（4）教师可决定是否即时显示各小组广告投放额度，配合撤销功能，供各小组相互博弈。

（5）教师注意检查小组是否有遗漏，如果小组上一年没有结账，则这一年系统将不会显示此小组。

四、市场老大查询

市场老大查询功能用于查询当前年份各市场老大的归属以及其交货状态。此功能主要为各小组公布市场老大信息，以供各小组投放广告时参考。所谓市场老大，是指在某一个市场中销售额最高，且在这个市场没有违约行为的小组，这个小组即为这个市场的主导者，下一年在这个市场中具有优先选单权，只需要打最少的广告，就可最先选单。当市场老大违约时，其将被取消市场老大资格。功能界面如图5-29所示。

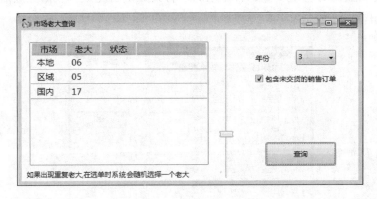

图5-29 市场老大查询

系统可按市场数据确定市场老大。市场老大的确定方法为：上一年该市场所有已成交的订单总销售额最高且没有违约行为。为了方便小组在选单完成后即可预估市场老大，系统通过设置"包含未交货的销售订单"复选框，将当年所有的有效订单都纳入计算范围，来估算市场老大。市场老大查询，可以对各小组制定广告策略提供帮助。

界面左边通过表格显示各市场老大明细信息，包括市场、老大、状态。右边显示年份，"包含未交货的销售订单"复选框，以及"查询"按钮。

➤ 操作方法

（1）打开查询窗口：单击"市场老大查询"菜单，打开"市场老大查询"窗口，将窗口调整为合适大小，调整进度条缩放文字。

（2）查询指定年份的市场老大情况：在"年份"下拉列表中选择年份，单击"查询"按钮。

（3）计算时是否包含未交货的销售订单：选中"包含未交货的销售订单"复选框时，单击"查询"按钮，所有订单参与计算，如果不选中，则只有已交货的订单参与计算。

➤ 友情提示

（1）教师可在大屏幕上显示此内容，可通过调整进度条来控制文字大小。

（2）教师在管理端额外自定义的销售订单不参与市场老大的计算。

（3）各小组通过组间交易获取的订单会影响市场老大的估算，按订单的最终归属进行计算。

（4）选单完成后，立即选中"包含未交货的销售订单"，查询预计可能的市场老大，对各小组公布一次。

（5）在所有小组结账后，下一年广告投放之前，由于所有订单都已结算（已交单或违约），建议教师再查询一次真实的市场老大，对外公布一次。

（6）各小组在自己的客户端可查询市场老大情况，无须依赖教师公布。

（7）如果出现不止一个市场老大（低概率事件），在选单排序计算时，系统会随机选中一个市场老大。

五、销售订单查询

销售订单查询功能用于在选单完成后，查询各小组的选单结果，供教师对各小组的选单情况进行分析时使用。功能界面如图 5-30 所示。

年份	小组	订单编号	市场名称	产品名称	数量	总价	单价	状态	订单来源	应交货期	应收账期	交货时
3	01	312020	本地	P2	5	399	79.8	已交单	订货会	4	4	4
3	01	322001	区域	P2	5	368	73.6	已交单	订货会	4	2	2
3	01	332017	国内	P2	3	211	70.33	已交单	订货会	4	0	1
3	01	312004	本地	P2	3	231	77	已交单	订货会	4	3	3
3	01	313013	本地	P3	5	454	90.8	已交单	订货会	4	1	4
3	01	333016	国内	P3	2	174	87	已交单	订货会	4	0	2
3	01	313003	本地	P3	5	485	97	已交单	订货会	4	1	3
3	02	322006	区域	P2	4	298	74.5	已交单	订货会	1	1	1
3	02	332009	国内	P2	1	73	73	已交单	订货会	4	1	2
3	02	332024	国内	P2	3	213	71	已交单	订货会	4	2	4

图 5-30 销售订单查询

界面由条件功能区（上方）与订单列表显示区（下方）组成。条件功能区包括年份与小组过滤条件以及查询按钮，订单列表显示区包括年份、小组、订单编号、市场名称、产品名称、数量、总价、单价、状态、订单来源、应交货期、应收账期、交货时间等信息。

> 操作方法

选择所有年或指定某一年，选择全部小组或指定某一小组，单击"查询"按钮即可。

> 友情提示

（1）可查询指定小组某一年或所有年的销售订单；

（2）可查询指定小组指定某一年的销售订单；

（3）教师通过手动增加的销售订单也在此窗口中显示；

（4）各小组可在自己的界面中查看自己的订单。

六、小组排名

在每年结账后，教师可通过小组排名功能查询每年小组最后的权益和得分情况。功能界面如图 5-31 所示。

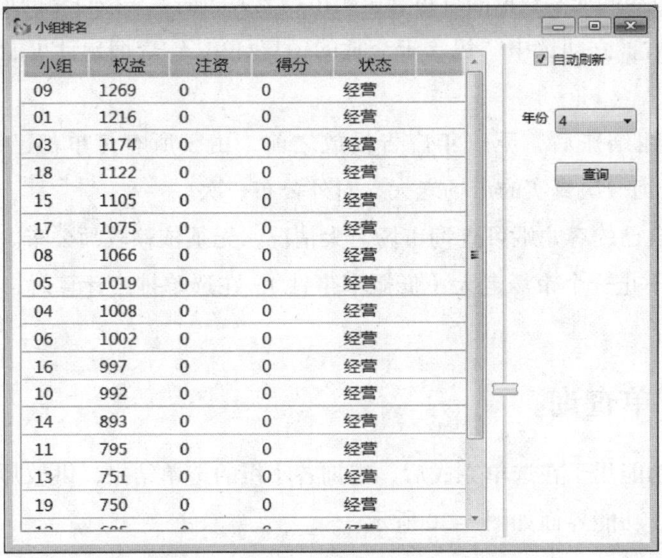

图 5-31　小组排名

教师可在大屏幕上显示此内容，可通过调整进度条来控制文字大小。

界面由条件功能区（右方）与小组排名列表区（左方）组成。条件功能区包括"自动刷新"复选框、"年份"下拉列表以及"查询"按钮，小组排名列表区包括小组号、权益、注资、得分、状态等信息。

> 操作方法

（1）打开查询窗口：单击"小组排名"菜单，打开"小组排名"窗口，将窗口调整为合适大小，调整进度条缩放文字。

（2）查询指定年份小组排名情况：在年份下拉列表中选择年份，单击"查询"按钮。

➤　友情提示

（1）系统默认已选中"自动刷新"复选框，打开后即为自动刷新模式。

（2）教师可在大屏幕上显示此内容，可通过调整进度条来控制文字大小。

（3）教师注意检查小组是否有遗漏，如果小组上一年没有结账，这一年系统将不会显示此小组。

（4）教师对各小组按权益由高到低进行排名，在学生入门阶段，建议按权益排名，不按得分排名。

（5）小组未结账时，系统将不会显示其得分。

（6）建议教师截图保留此界面，作为评定小组经营成绩的依据。

（7）如果在参数中启用了 FTP 功能，那么每年的小组排名会自动上传到 FTP，教师不再需要通过此功能截图。

七、各小组数据导出汇总

各小组数据导出汇总功能可用于导出各小组报表与经营历史数据。功能界面如图 5-32 所示。

图 5-32　各小组数据导出汇总

界面由上下两部分组成，分别为按年份导出汇总数据和按小组导出汇总数据。

（1）按年份汇总：可按指定年份导出所有小组的报表数据。

（2）按小组汇总：可按指定小组导出所有年份的报表数据。

➤　操作方法

（1）选择指定年份，单击右边的"导出"后，即可导出指定年份所有小组的数据。

（2）选择指定小组，单击右边的"导出"后，即可导出指定小组所有年份的数据。

➤　友情提示

（1）在课程结束前，建议教师按年份导出每一年的数据，作为评定经营成绩的原始依据。

（2）如果在参数中启用了 FTP 功能，那么每年的报表数据会自动上传到 FTP，教师不再需要通过此功能导出。

八、小组界面查看

小组界面查看功能可用于查看各小组即时经营界面。一方面可供教师点评时查阅小组经营界面，另一方面可供学生查看，完成间谍工作。功能界面如图 5-33 所示。

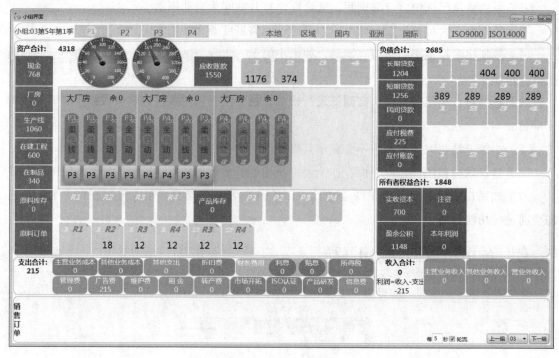

图 5-33　小组界面

界面由操作区与显示区两部分构成，右下角为操作区，由轮询秒数、轮流复选框、上一组与下一组按钮、指定小组下拉列表组成。其余区域为显示区。

➢ 操作方法

取消轮询：取消选中"轮流"复选框即可停止滚动播放，停留在当前小组界面。

开始轮询：调整好轮询时长后，选中"轮流"复选框，界面开始按照指定的时长滚动显示小组界面。

查看指定小组：先取消选中"轮流"复选框，然后通过上一组与下一组按钮，切换到指定组，也可通过下拉列表直接选择指定小组。

➢ 友情提示

（1）可满屏显示，也可缩小显示。

（2）选单完成后，教师可在大屏幕上滚动播放各小组经营界面，方便各小组完成间谍工作。

第六节　数据管理

一、小组数据还原

为了方便学生在学习时进行错误更正，让学生的经营能顺利进行下去，维护竞争状态，系统允许学生进行恢复操作。恢复分为教师的管理端恢复和学生的客户端恢复，学生客户端恢复由小组在经营窗口中自主完成，但受管理参数控制，教师管理端恢复通过此功能完成，实现恢复的集中管理。功能界面如图 5-34 所示。

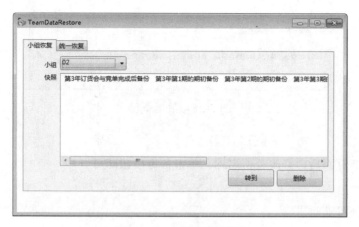

图 5-34　小组数据还原

　　小组数据还原界面分为小组恢复与统一恢复两个页面。

　　（1）小组恢复：界面由小组下拉列表与每季季初快照组成，教师可对指定小组进行个性化撤销。撤销时可撤销到每季季初，但不能撤销到最后一次选单前。

　　（2）统一恢复：界面由每年的开始选单前与选单结束前快照组成，教师可对全部小组进行统一撤销。可以统一向前撤销，回到任意年份的开始选单前状态或选单完成后的状态。

　　➢　操作方法

　　（1）小组恢复：选择指定小组，并选择指定快照，单击"转到"即可。

　　（2）统一恢复：选择指定快照，单击"转到"即可。

　　（3）删除快照：选择指定快照，单击"删除"即可，删除后快照不可恢复。

　　➢　友情提示

　　（1）小组恢复操作在选单过程中不能进行，统一恢复在任何时候都可以进行。

　　（2）撤销操作只是在数据库内进行数据的保存，不能代替导出和导入功能。

　　（3）当关闭撤销功能时，小组不能自主撤销，只能由教师利用此功能撤销。

　　（4）单个小组的恢复不能恢复到最后一次选单前，即当年选单完成后，不能撤销到上一年，如果已结账，没有开始选单，可以撤销到上一年。

二、备份

　　备份功能将数据库整体导出为一个文件进行单独保存，用于在下课后对数据的整体备份。功能界面如图 5-35 所示。

　　该界面由三部分组成，上方为已有备份清单，以列表的形式显示，中间部分用于对当前的备份进行命名，保存时系统自动在文件名后面加上年、月、日、时、分、秒，下方为备份按钮，单击后系统开始备份。

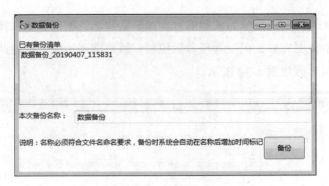

图 5-35　数据备份

> 操作方法

打开备份功能页面后，修改备份名称，单击备份按钮即可。

> 友情提示

（1）备份操作可随时进行。

（2）备份文件直接存放在服务器的备份路径中，管理员可到服务器中拷贝文件。

（3）管理员可在服务器的备份路径中删除备份文件，此时已有备份清单中的数据自动同步删除。

三、恢复

恢复功能用于将以前的备份进行整体恢复，还原到备份前的状态。功能界面如图5-36所示。

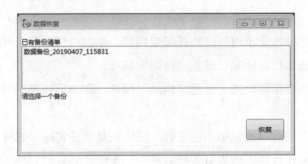

图 5-36　数据恢复

界面由两部分组成，上方为已有备份清单，以列表的形式显示，下方为恢复按钮。

> 操作方法

打开恢复功能页面，在备份清单中选择备份，单击"恢复"按钮后，系统自动开始恢复。

> 友情提示

（1）恢复操作可随时进行。

（2）恢复操作如果失败，建议将各小组退出登录界面后再进行操作。

（3）可以将备份文件拷贝到服务器的备份文件夹中，此时已有备份清单自动同步显示该文件。

第六章 沙盘推演案例分享

本案例数据均源于学生实践，具有真实性。在课堂教学过程中，参加课程的学生被分成若干小组，各小组分别代表同一行业中的不同企业，共同参与市场竞争。每个小组由 3 名学生组成，学生亲自参与企业经营与企业管理，沉浸式体验企业运作的完整流程，参与企业内部的经营决策和相互协同工作，并在激烈的市场竞争环境中奋勇拼搏、运筹帷幄。

每一年模拟经营结束后，教师查看各组学生的盘面情况，对企业的财务状况和经营成果进行分析点评，指出其优势与不足。学生操盘后进行小组内部讨论，总结交流成功或失败的经验与教训，结合前一年的规划布局，分析竞争对手运营情况，调整下一年企业战略。

实验报告记录了小组的经营过程与学生的心得体会。学生在课程结束之后，感悟良多，收获满满。本章挑选了几个成功与失败的案例，对学生的经营战略、心得体会以及教师点评进行分享。

第一节 成功案例

一、案例一 A 小组

（一）战略分析

1. 市场预测分析

从市场预测表中可以看出，第二年市场上毛利最高的产品是 P3，其次是 P4，因此，在第一年，安装生产线时，多数企业将优先布局生产 P3 和 P4 的生产线，且生产 P3 的将多于生产 P4 的。第二年有本地和区域两个市场，由于企业生产的产品都可以卖出，获得第一轮投资回报，多数企业将会开设第二个厂房，在以后每一年的经营过程中，各企业会不断地将赚取的资金投入到生产线建设中，以提高企业产能。第三年，P4 的竞争将会更激烈，P3 的竞争程度将小幅下降；第二年在第二个厂房建设的生产线建设完毕，开始投入生产，由于 P4 毛利最高，生产 P4 的企业会变多，整体产能提高，此时 P4 的市场竞争程度将会大幅度提高。第四年，开放亚洲市场，各企业产能继续提高，P4 产品可能会出现订单供不应求的短缺现象，此时部分企业可能会退守 P3 产品。第五年，五大市场全部开放，每年都有两个市场产品单价远高于其他三个市场，所以可以避其锋芒，专注于较为弱势的其他三个市场。第六年是最后一年，竞争肯定最为激烈，产品无法卖完的概率很高，此时产品单价高的订单并不是最为优先的选择对象，数量多、总价高的产品订单估计会非常抢手。

2. 企业经营战略

第一年，租赁一个大厂房，建设 4 条全自动线，全部用于生产 P3 产品；第二年，计划申请长期贷款 400M，用于租赁第二个厂房；第三年，第一季开始生产 P4 产品，本年稳定收益；第四年，借用短期贷款建设第三个厂房，全部生产 P4；第五年，建设第四个厂房，生产 P4 产品；第六年，全力抢占各市场 P4 的优良订单，增加自身收益的同时，抑制其他企业接手优质订单，扩大己方优势。

3．六年经营过程（战略执行情况）

第一年，和制订的计划一致，生产 P3 产品，但是在生产线选择方面与预期不同，计划建造全自动线而实际建造了柔性线，略微调整了一下前期的资金预算。第二年，申请的长期贷款与计划相同，开始建设第二个厂房，原材料库存有一点剩余，与预期不符，出现失误。第三年，只希望能平稳生产，但在实际操作中每一季都在借用短期贷款 369M，因此在年末拥有足够的现金以及未到账的应收账款，超出预期，准备建设第三个厂房，改变整体运营思路。第四年，按照计划完美执行，不足之处在于年末现金太多，没能考虑建设第四个厂房，但还是基本符合计划。第五年，与预期相同，开始建设第四个厂房。本年最大的失误在于广告费，投入了 330M 却没能抢到任何一个"市场老大"，未能完成预期的目标，得不偿失。第六年，在广告费方面再次出现失误，投入了过多的广告费却没能抢到特别好的订单，浪费了多轮的抢单机会。

总结：基本按照计划执行并且较为成功，但对于广告费与原材料在细节方面没有处理好，流失了部分资金。

4．经营分析

（1）广告费分析。企业每年的广告费情况如图 6-1 所示。

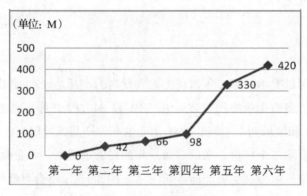

图 6-1　广告费折线图

根据企业六年来的广告费情况来看，前 4 年投入较少的广告费，原因在于前四年市场竞争不激烈、订单充足，如果投入过多的广告费，会造成资金浪费，经营成本增加。

（2）所有者权益分析。企业每年年末的所有者权益情况如图 6-2 所示。

根据企业六年来的所有者权益变化来看，企业的所有者权益逐年增长，这代表企业经营状况良好，一直处于盈利状态。

（3）长期贷款分析。企业每年的长期贷款情况如图 6-3 所示。

为了保证资金的流动性，企业每年都借入了少量的长期贷款，第六年由于是最后一年，将所有的长期贷款全部借入。

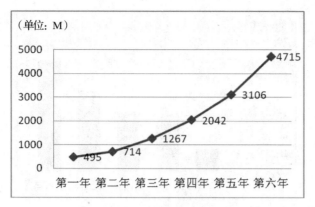

图 6-2 所有者权益折线图

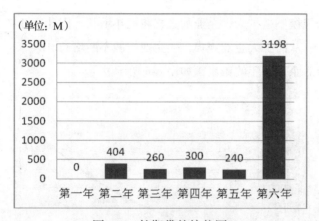

图 6-3 长期贷款柱状图

（4）短期贷款分析。企业每年每季的短期贷款情况如图 6-4 所示。

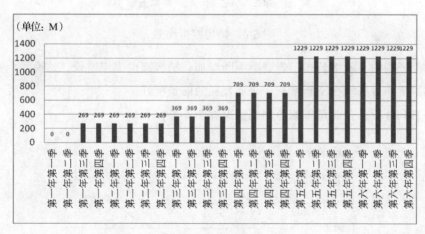

图 6-4 短期贷款柱状图

为了保证企业资金的流动，从第一年第三季开始，企业基本在每一季都续贷了短期贷款，并随着所有者权益的增加而不断增大每期的贷款额，维持了资金的周转，使企业可以正常运转。

（5）产能分析。企业每年的产能情况如图 6-5 所示。

147

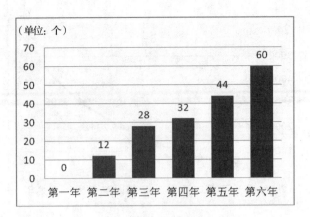

图 6-5　产能柱状图

　　随着企业的生产规模不断扩大，企业的产能将逐年增长。因此企业在资金充足时必须加紧扩建厂房增加生产线，从而扩大企业规模，使企业产能不断增长。

　　（6）销售额分析。企业每年的销售额如图 6-6 所示。

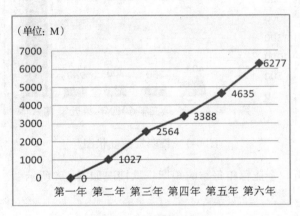

图 6-6　销售额折线图

　　企业由于产能的不断增长和广告费的不断增加，销售额也逐年增长，这说明企业的产品质量以及交易数量和价格均在不断增长，企业发展的前景良好。

　　（7）净利润分析。企业每年的净利润情况如图 6-7 所示。

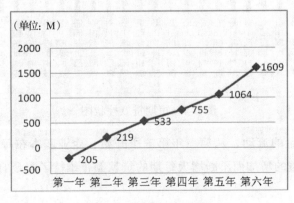

图 6-7　净利润折线图

　　根据企业六年来的净利润图，第一年企业净利润为负，其原因在于前期生产线还处于在建状态，企业没有回收成本的能力，之后五年经营良好，利润一直上涨。

（二）经营体验（得与失）

　　本次企业沙盘模拟于周六早八点开始，持续到周日晚八点，共有 17 个小组参与本次模拟课程。在没有上课之前，我认为这只是一个看似有困难的游戏。事实证明，上手沙盘模拟的确不难，但想要玩好却实属不易。小组成员之间的配合只是其中的一个方面，但仅仅只有配合是不够的。分析是这个游戏最为重要的能力：对于五大市场的准确估测（如何接手性价比最高的订单）、对于其他企业营销战略的分析（在确保自己企业发展的同时关注其他企业的动向，避其锋芒）、对于生产材料的分析（不同周期的材料如何合理分配），还有对于人际关系的处理等方面，都需要考虑在内。所以，这是一个智商和情商并重的智力游戏。

　　每个企业共有三个职位：总经理、生产总监以及财务总监。总经理是企业的操盘手，他是最终决定企业如何运转的核心人物。由于正式对决时平台没有撤销功能，总经理在进行任何操作时都需要经过慎重考虑，一旦操作失误便会使企业面临扣分的处罚甚至陷入因难以经营而导致破产的局面。生产总监是产品生产的核心人物，如何将每一年每一季的原材料都恰到好处地用完，如何规划提前两季度下单的原材料和提前一季度下单的原材料订单时间和原材料的数量是生产总监面临的巨大挑战，生产总监只有将原材料采购和生产排程计算清楚，才能让企业减少不必要的支出。财务总监则是财务管理的核心人物，一切关于钱的事情，都需要经过财务总监的计算与推敲，如何确保资金的有效利用，如何贷款，借多少钱，投资什么，投资多少都需要准确的分析。我认为本次活动我们组之所以能拿第一，与我们的分工有很大的关系。陈萌萌同学学习过会计专业知识，对于财务管理以及企业资金计算的知识十分了解，避免了企业乱花钱、乱贷款的现象；周晴晴同学对于数学有着天然的兴趣爱好，可保证每一季的原材料订购时间和数量都恰到好处，避免了库存积压或者库存不足的现象；周诚同学决策果断，所以在每一年争抢订单时都果断出手，避免了接手劣质订单的现象。当然，这个游戏并不是我们三个人各干各的就可以完成的，中间的很多事情都需要三人经过商讨才能最终拍板。所以，这个游戏教会我们的最重要的东西，便是：团结、沟通、合作。团结是凝结团队的基础，沟通是互相信任的基础，合作是成功的基础。正因为如此，我们才能在本次游戏中夺魁。

　　当然，我们不仅收获了第一名，还收获了友谊。我们 17 组与作为兄弟小组的 16 组在游戏中是对手，在场下是朋友。当我们获奖时，16 组的成员热烈祝贺了我们。而 16 组虽然是亚军，但我们也没有在他们面前炫耀。这份友谊令人终生难忘。如果还有下次，我们期待与所有的小组，尤其是第 16 小组的再次交锋！

　　没有完美的过程，也没有完美的结局。虽然在本次活动中我们组取得了第一名，但在沙盘操作时我们仍存在不少失误：（1）第一年所建设的柔性线只用来生产 P3，直到最后都没有转产 P4。如果是这样的话一开始就应该建设全自动线，可节省 200M。初期的现金有限，200M 很有可能会影响未来的发展趋势。（2）第四年结束时现金充裕，应该买一到两个厂房，以节省租金。（3）第五年的广告费投得虽然最多，但是没有抢到第六年的市场老大，错失了好订单，拉低了最终的所有者权益。（4）第一天时小组成员之间交流很少，主要是因为总经理和生产总监认识，所以将财务总监给忽略了。这在真正的市场竞争中是绝对不应出现的。（5）在我们的企业资金达到了 2600M 时，其他企业的总经理曾经向我们组申请 500M 的贷款，当时我们以要新建第四个厂房为理由推辞了。虽然该企业最后撑过了六年，但是过程相当艰辛。企业在竞争时，没有绝对的朋友，也没有绝对的敌人。倘若今日你能拉他一把，说不定他就是你今后最为忠实的合作伙伴。在这一问题上，身为总经理的我没有处理好。（6）有一个企业中的三名管理人员出现了关系危机，最终导致了企业的拆分。这件事情虽然没有发生在我们企业中，但是我们企业在初期也经历了一段不太愉快的过程，希望以后以此为戒，不要再出现这样的情况。

取长补短，共同进步。作为大学生，我们应该具备这样的意识。沙盘推演只是我们了解真实社会企业经营的第一步，但它的意义却是巨大的。

（三）教师点评

A 小组的长期战略思想是，前期以利润较高的 P3 产品为全面市场，后期 P4 研发成功以后，将 P3 和 P4 共同作为主攻产品，其中，以 P4 为主，P3 辅助。

A 小组值得借鉴的地方，主要是能够根据市场分析来动态调整市场战略。首先，P3、P4 与 P1、P2 相比，是利润较高的产品，选择 P3 与 P4 进行产品组合，能够在市场竞争中获取高额利润。其次，在最后两年，市场全部开放的情况下，考虑到每年都有两个市场产品单价远高于其他三个市场，所以 A 小组避其锋芒，专注于较为弱势的其他三个市场，能够以较低的广告费投入获取比较靠前的广告排名，选择足够的订单，保证产品全部卖出。同时，A 小组预估到最后一年的竞争是最为激烈的，选择订单时，不再是产品单价最高优先，而是数量最多、总价最高优先，保证产品能全部卖出。

A 小组做得不够好的地方在于：在后期竞争中投入了较高的广告费，却没有抢到任何一个"市场老大"，可能是因为对其他小组情况的不了解，低估了整体市场竞争的激烈程度，也可能是低估了单个产品在某一市场的竞争激烈程度。所以，同学们在竞争时，不仅要和自己做比较，还要清楚了解对手的情况，正所谓知己知彼，百战不殆。

二、案例二 B 小组

（一）战略分析

1．市场分析

第一年没有市场，只能进行建设，无法获取销售订单。第二年，市场不够稳定，大多数企业使用 2 条柔性线和 2 条全自动线生产 P2 与 P3 产品，产品卖出后会新建生产线，增加产能，因此，第二年 P2 与 P3 产品的竞争比较激烈，尤其是 P3 产品，肯定会有一部分企业只生产 P3 产品，因为 P3 产品毛利最高。第二年一定是资金最紧张的一年。第三年，此时 P4 的利润增加，各企业会加大对 P4 产品的生产，从而 P4 产品的市场竞争会变得比较激烈。各企业盈利后，会继续增加生产线，提高产能，此时市场上的资金也会比较紧缺，企业支出费用也会变得比较多，生存会比较困难。第四年，各企业熬过第三年后，在第四年就会比较顺利，周转资金极有可能出现剩余，此时就会快速扩增厂房，增加企业的生产线。有的企业还极有可能把P2 产品的生产线向 P4 产品转产，以增加 P4 的产能。第五年，各企业会出现大量的闲置资金，没有全面建成 16 条生产线的企业，会抓住机会全面建设生产线，已经建好 16 条生产线的企业则会考虑买厂房，以减少资金的开支，避免权益的减少。各企业的产能比较高，订单的抢夺竞争会比较激烈，尤其是对 P3、P4 产品订单的抢夺。第六年，各企业的产量都达到了最大，各企业会全面开展订单抢夺大战。第六年的操作基本上没有什么难度，结局在选单完成后差不多就可以预见。企业在这一年抢订单时一定要格外小心，如果订单过多，会导致产品不足，无法交付。而订单过少，则会导致产品无法卖出。

2．企业经营战略

经过第一天模拟经营训练后，由于担心生产总监与财务总监决策错误，为降低经营难度，大家决定在正式经营时采用比较稳健的方式。具体经营战略为，从第一年开始，每年建设 4 条全自动线，始终生产 P2 与 P3 产品，不转产，不参与 P4 产品的竞争，争取建成 16 条生产线，采用长期贷款与短期贷款相结合的方式进行融资，争取在经营过程中不出差错。

3．六年经营过程（战略执行情况）

第一年，先租一个大厂房，由于我们不打算转产，因此我们将 4 条生产线全部建设成全自动线。本来是想在第一季开始建设，但是由于建成后会产生维护费和折旧费等一系列的费用，并且还会降低自己的权益，因此我们在第二季才开始建生产线。第二年第一季，4 条生产线已经建成，开始生产 P2 产品，同时我们又租了一个大厂房，并于第二季开始建 4 条全自动线。这一年有一个大的失误，那就是没有计算清楚产品数量，从而多抢了订单，最终我们通过紧急业务买了两个 P2 才渡过难关。第三年，由于这一年 P3 和 P4 产品的市场竞争激烈，所以，P2产品的竞争压力比较小，因此，我们对 P2 产品的广告费投入得比较少，对 P3 产品的广告费投入得相对比较多。在这一年第二季的时候，我们租了一个大厂房，并且从第二季开始建 4 条全自动线。第三年企业总体上还发展得不错，就是多了 5 个 P2 产品，原因并不是我们没有抢到订单，而是不敢抢，害怕原材料不够，交不上货。第四年，比较稳定，我们的操作速度也非常快，并且将产品全部卖出，没有库存，并从第二季开始，再次建设 4 条全自动线。然而我们在这一年犯了一个新的错误，就是在第四季的时候没有续建生产线，导致第五年年初第四个厂房的生产线没有建成。第五年，16 条全自动线已经全部建成，手上的资金也比较充裕，因此，我们买下了两个厂房。这一年企业发展得非常稳定，但是在年末却多了 4 个 R2 原材料，这是一个小小的缺陷。第六年，市场比较稳定，我们做得比较好的方面就是抢夺的订单的数量刚刚好，因此没有库存，我们还购买了剩下的两个厂房。但是也有一个没有考虑到的地方就是，由于不需要继续经营第七年，第三季不应该再买原材料，第四季不应该再上线生产产品。当然，这也不能算是错误，老师说我们这样做反而更好，既不影响当年的所有者权益，而且还可以保证企业连续运营。

4．经营分析

（1）广告额分析。企业每年的广告总额投入情况如图 6-8 所示。

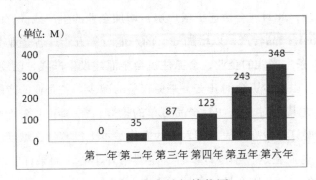

图 6-8　广告总额柱状图

前几年各企业都忙于建设自己的生产线，且本来流动资金就有限，而且前几年产能较低，所以收入较低，从而所有者权益也比较低，这样贷款额度也比较少。这时广告额就没必要投入太多，企业保持能把产品卖出去就好。但是在第五到第六年的时候有了变化，大家手上的资金比较充裕，所以投入的广告额也会比较多。在第五年大家想争做市场老大，在第六年担心自己的产品卖不出去或者不能卖一个好价钱，所以在这两年的广告额投入会比较高。对于我们组来说，我们由于只生产 P2 和 P3 产品，且 P2 的市场竞争程度比较低，所以不用投入太多广告费（额）；而 P3 的市场竞争就高一些，因此对其要多多投入广告额。有一点要注意的是，投入的广告额也要适量，因为广告额是支出，会降低所有者权益。

（2）所有者权益分析。企业每年年末的所有者权益情况如图 6-9 所示。

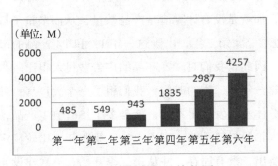

图 6-9　所有者权益柱状图

前两年的时候，企业需要租厂房建生产线，支出比较多，尤其是在第一年，没有收入，费用比较多，此时所有者权益相对较低。这时要格外注意不要有多余的开支，因为开支是会降低所有者权益的。而到后来，企业生产的产品越来越多，订单越来越多，收入也越来越多，这时所有者权益提高的速度就会加快。

（3）长期贷款分析。企业每年的长期贷款情况如图 6-10 所示。

从第二年开始，企业借长期贷款，且每一年贷款的额度都是通过精准计算确定的，所以企业在资金流通方面没有什么问题。企业在借长期贷款的时候，要注意量力而行，因为长期贷款的借款金额会影响短期贷款，而且长期贷款的利息比较高。由于第六年是最后一年，在贷款的当年不用支付利息，所以企业对长期贷款在第六年可以满额贷款，这对当年的所有者权益不会有什么影响。

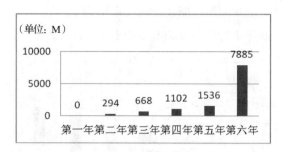

图 6-10　长期贷款柱状图

（4）短期贷款分析。企业每年每季的短期贷款情况如图 6-11 所示。

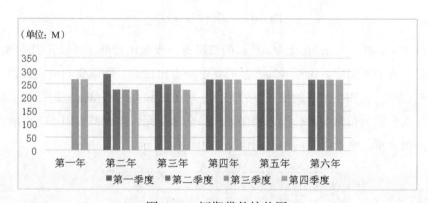

图 6-11　短期贷款柱状图

我们组对于短期贷款的借贷也是由财务总监精确计算后再实行的，所以在短期贷款方面也运作得非常好。我们在能借短期贷款的时候尽量借短期贷款，因为短期贷款的利息比较低。但是在借短期贷款的时候要注意一个问题，就是借款后在第二年就要归还本金，所以企业在借短期贷款的时候要保持每次借贷的金额相近。这样就可以用后面借的钱来还前面借的钱，保持资金的正常流通。

（5）产能分析。企业每年的产能情况如图 6-12 所示。

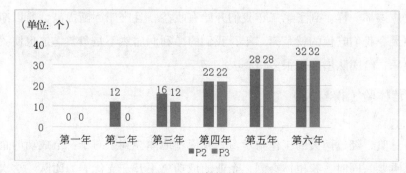

图 6-12　产能柱状图

由于我们小组不打算转产，所以我们全部采用全自动线。手工线和半自动线的生产周期太长，我们没有采用。另外，我们每一年都在第二季开始建生产线，并且每年建设4条生产线，做到了均衡发展。总体上，我们的产能是很不错的，在第四年第四季由于忘记续建生产线，所以在第五年少了4个产品。但我们的产能还是逐年递增的。

（6）销售额分析。企业每年的销售额情况如图6-13所示。

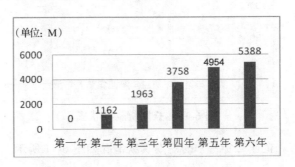

图6-13　销售额柱状图

我们生产P2和P3产品，由于P2产品的市场竞争程度比较低，所以我们获得的P2产品的订单的价格一直挺不错的。由于P3产品的竞争压力比较大，所以我们也就只能尽量选择价格相对较高的订单。我们在刚开始抢订单的时候，参考比较多的是单价。但是到了后两年，尤其是第六年，我们较为留意数量，因为要保证产品全部卖完，这样销售额才能更高。

（7）净利润分析。企业每年的净利润情况如图6-14所示。

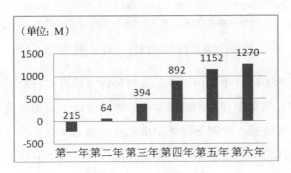

图6-14　净利润柱状图

在第一年刚开始建厂的时候，我们需要的资金比较多，而且没有收入，所以净利润为负数，但是大家应该都一样。到了第二年我们开始有收益，且产能逐渐提高，所以净利润也开始增长。这其中最令我们吃惊的就是第二年，我们的净利润居然不是负数，这也使我们第一次感到了赚钱的快乐，给团队增加了很多信心。

（二）经营体验（得与失）

1．财务总监

身为财务总监，经过两天的工作与学习，我深刻地体会到了对于一个成功的企业来说，财务人员有多么重要。同时，我也体会到，企业的成功离不开一支优秀的团队。这次我们组取得的成绩很不错，但仍有很多不足。下面就让我具体谈一下我的体会吧。

说实话，在此之前，我从未了解过企业运营方面的知识，对财务总监这个职务也是知之甚少。对我来说，担任财务总监是个巨大的挑战。刚开始模拟练习的时候，我们没有接受过任何培训，所以亏得很惨，出现了很多问题，如在经营初期，没有做好资金预算，导致后期资金断流，出现危机，这些问题让我体会到了财务总监工作的重要性。要当好一名财务总监，我不仅要熟练地掌握并运用有关财务知识，还需要把握好企业的经营运作状况。财务总监要想为企业创造价值，就要努力使资金效益最大化，税务成本和资金成本最小化，财务管理价值最大化。

个人的沟通能力在管理工作中特别重要，我充分意识到了自身的不足，把这节课当成提高沟通能力的机会。进入沙盘模拟课后，我主动在课堂上进行部门培训，并注重对思想思路以及管理知识的培训，这个职位使我有了更开阔的思路，让我更容易梳理自己的职业规划。

在结束第一次几乎破产的模拟实验后，我带着在实训过程中发现的问题，接受了有关财务知识的培训，培训虽短暂，却让我受益匪浅。财务总监的工作范围很广，是总经理的得力助手，需要配合总经理，做好预算规划，还需要及时监督企业运作状况。

在一次次发现问题并不断摸索前行的实践过程中，渐渐地，我也总结了一些经验。一是钱要花在刀刃上，二是企业要有一个正确并且适合自己的贷款理念，我们组选择的是先借短期贷款，从第二年起同时申请长、短期贷款。企业还要在保证资金充足的同时，不过于保守，要敢于投钱，这样才能实现利润最大化。

总之，我在这两天的企业沙盘模拟课程中体会颇深。

2．总经理

其实我最开始是不想做总经理的，但是阴差阳错地这个黄颜色的吊牌就到了我的手上。最开始我是有点畏惧的，害怕自己做不好，会影响整个团队。直到星期六上午，我的心里都还是特别没有底的。但是在星期六下午经过专业培训后就有了底气，没有那么害怕了。

在下午的模拟课程中我们小组完成得特别糟糕，最开始按照老师的思路进行得很顺利，但是老师说这次就是来试错的，所以我们又按另一种方案尝试经营。在进行到第一年第二季的时候，老师说还有 1 分 30 秒的时间，这时我们特别慌张，从而导致出错。到了第三年年初的时候，我已经放弃，认为如此烂的盘面肯定救不活了，所以我就没再继续参与经营。另外两个组员却仍然坚持，最后把生产线都卖了，才坚持到第四年，但是经营过程越来越艰难，最后，连账都结不了了。

晚上回寝室后，我内心十分焦急，并且也进行了反思，意识到不管怎么样，我都应该和我的组员一起坚持到最后。之后我看了教材，咨询了其他同学，好好想了想明天该怎么办。我们小组也在线上进行了一番交流，决定明天要团结协作，一起坚持到最后。我在当天晚上也确定了一个策略。

在第二天的决战中，我们决定只卖 P2 和 P3 产品，不转产，全部使用全自动线。第二天我们的分工更加明确了。我认真执行我的经营策略，财务总监算好企业要借多少钱，流动资金是否充足，生产总监算好企业要购进多少原材料并且确定第二年能生产多少产品。我们团结协作、井井有条地开展工作。虽然在最开始的时候犯了一点小错误，但是通过老师的帮助，我们马上弄清楚了产生错误的原因，并且想了办法纠正错误，这让我们的团队凝聚力快速提高。还有一点让我印象非常深刻，那就是在选择订单的时候，我们分工明确、团结协作，财务总监和生产总监负责考量订单和企业情况，我负责统计已选订单的产品总额，避免多拿订单交不上货的情况。那时我觉得自己的团队十分优秀。在决战的时候，我还有一个感悟，昨天，我们在面临困难的时候，应该懂得寻求他人的帮助，而不是自己硬扛。在这次决战中，有一点比较遗憾的就是我们组几乎没有和其他组合作，这可能是因为我们组主要生产 P2、P3 吧。总之，在这次沙盘模拟课程中，我感触很多，也领悟到很多。

3．生产总监

最初我怀着忐忑不安的心来到了实验室，在确定小组成员及职位后，老师在投影仪上分步骤教给我们经营方法之后，我们便开始运营模拟企业。通过这次模拟课程，我对企业经营有了一个全新的认识，它并不只是一个简单的生产和销售过程，而是大家各司其职，相互协作，为实现目标努力奋斗的过程。期间，全体成员要有共同愿景，彼此信任和支持。在经营过程中，我们必须准确及时地了解市场的变化，争取有竞争力的市场，又要熟悉市场规则，不断提高业务素质和业务能力，如此才能在激烈的市场竞争中拥有优势。这次模拟训练，让我学习到了很多知识，也了解了一些管理理念：（1）重视人才。人才是企业中最活跃、最有价值的因素。（2）市场调研。"知己知彼，百战不殆"，只有进行了市场调查，对市场信息（市场需求、生产能力、原材料、现金流等）有了充分了解，并加以分析（利润表、资产负债表等财务报表）和判断后，才能做出适当的战略计划（广告额、贷款、生产线建设、认证资格、市场开拓、产品研发等）。（3）工作总结。我在模拟训练中发现，有关广告费用的决策是非常重要的，它能决定企业一年利润的多少，所以我们应加以重视，应在上一年的基础上，对市场进行认真调研与分析，结合本年情况，做出合理决策。（4）团队精神。通过课程学习，我切身体会到了团队协作的重要性。企业运营如同大船航行，每一个角色要各负其责、各尽其力，否则大船将经不起风浪的冲击。（5）性格、能力。同学们性格的差异使模拟实验异彩纷呈，有的小组奋力前行，有的小组稳扎稳打，有的小组则不知何去何从。每个人的性格、能力都不同，而这会对企业运营管理有影响。

（三）教师点评

B 小组整体经营状况比较稳定，后期发展势头较好。从第二年开始有了销售收入，扭亏为盈，这是一个较好的局面。企业有计划地扩建生产线，目标明确，从第三年开始稳步发展，并始终保持良好的发展趋势，销售收入、毛利、净利润都呈增长趋势。到了第五年，企业已经建成 16 条全自动线，并且资金充裕，购买了两个厂房。这种做法非常值得提倡，因为购置厂房不仅不会降低所有者权益，还会减少以后每年的租金，这是一种提高所有者权益的行为。

B 小组也存在不足的地方，下面，我们从融资、生产两个方面对 B 小组进行分析，提供一些经验和教训供大家参考。

（1）融资策略。企业在前期需要大量资金对固定资产和无形资产进行投资，以最大限度提高产能和生产力。盘面的初始资金为 700M，在财务预算的章节中我们对如何充分利用长、短期贷款组合来优化资金链进行了讲解。B 小组主要采取了长期贷款、短期贷款以及应收账款贴现的方式进行融资。其中，短期贷款额度非常平稳，几乎没有出现忽高忽低的情况，很好地保证了资金较高的流动性。但是，B 小组可以对贷款方案进一步优化，可以将以后的年份申请的短期贷款逐年提高，将长期贷款保持在较低的水平，这样，更利于减少利息支出。

（2）生产策略。B 小组全部采用全自动线，没有采用多种生产线的有效组合，特别是缺少柔性线，导致小组在选择产品组合时比较被动，没有很好地根据市场预测结果来进行产品定位。另外，过多地生产了利润较低的 P2 产品，没有尝试生产 P4 产品，完全放弃了利润最高的产品，一定程度上影响了自己的所有者权益，同时给竞争对手提供了发展机会。

第二节 失败案例

企业经营不善的原因多种多样，任何一个失误都有可能导致经营失败。下面我们根据各小组的所有者权益统计情况，选取两个经营不善的案例进行分析。

一、案例三 C 小组

（一）战略分析

1. 市场分析

根据市场预测表，我们分析了 P1、P2、P3、P4 四种产品的市场占有率。第一年，很明显，各企业都只能从事建设工作，只有在后五年才有可能获取市场销售机会。第二年，我们发现，在本地与区域两个市场中，市场占有率最高的是 P4 产品，而 P1 产品的竞争力最小，能让我们用更少的资金获取销售订单，生产 P1 产品的原材料使用量最小，资金占用率最低。我们打算先生产 P1 产品，得到足够资金之后再生产 P4 产品。我们的生产线为柔性线，并在研发 P1 产品的同时研发 P4 产品，这样就能方便我们转产，从而获得更大的利益。第三年，根据市场预测表可以分析得到，P1 产品在本地市场上的数量最多，在区域市场单价最高，因此，我们选择进入本地市场，增加在本地市场的广告投入比率。第四年，P1 产品在区域市场上的产品单价最高，因此，我们选择在区域市场重点投放广告，揽取更多的 P1 销售订单，与此同时，我们也开始组织 P4 产品的生产。第五年，P4 产品在本地和区域市场上的单价普遍较高，于是我们在本地和区域市场针对 P4 产品，投放了较多的广告。第六年，国内和区域市场的产品单价更高，但我们考虑到，单价更高的市场竞争会很激烈，我们的产品可能无法全部卖出，于是，我们决定避开竞争，在其他市场投放更多的广告，从而保证把产品全部卖出，获得更多的利润。

2. 企业经营战略

我们计划在前几年主要生产 P1 产品，避开竞争，等累积了一定资金后，再生产 P4 产品。第一年，我们计划租赁两个小厂房，建 4 条柔性线，先行生产 P1 产品，在第一年第四季度研发 P1 和 P4 产品。第二年，继续使用两个小厂房，持续生产 P1 产品，研发 P4 产品。在第三年，租用一个大厂房，建设 2 条全自动线，继续生产 P1 产品。第四年，建设 2 条全自动线，生产 P4 产品。第五年，再租用一个大厂房，建设 4 条全自动线，生产 P4 产品。第六年，重点生产 P4 产品。

3. 六年经营过程（战略执行情况）

第一年，我们为了节约租金，新建了两个小厂房，同时为第二年第一季度的生产储备原材料，优先生产 P1 产品。第二年，生产 P1 产品，避开竞争，同时研发 P4 产品，为第三年生产 P4 产品储备原材料，逐渐转产生产线，为后期大量生产 P4 产品储备资金。第三年，计划转型生产 P4 产品，大量接单，同时扩建厂房，为后期扩大生产规模做准备，但资金出现困难，最终在老师的帮助下，获得了 2000M 的银行贷款，走出了困局。第四年，充分利用银行贷款，增加生产线，打开 P4 产品的销路。第五年，继续利用银行贷款，在老师的指导下，完成第四个厂房的建设，购回厂房成为资产，稳步发展，平稳度过第五年。第六年，所有生产线满负荷生产，主要生产 P4 产品，通过提高广告费，将产品全部卖出，企业起死回生，渡过难关。

（1）广告额分析。企业每年的广告总额投放情况如图 6-15 所示。

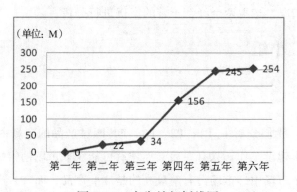

图 6-15　广告总额折线图

由于在第一年资金紧张，在第二年的广告投入上，我们采取谨慎方案，仅投入 22M 的广告费。在第三年，我们发现生产 P1 产品的企业不多，所以只投入了 34M 的广告费就将产品全部卖完。第四年，企业濒临破产，在老师的指导下，开始转型生产 P4，加大了广告投入力度。在第五年与第六年我们进一步调整经营战略，再次提高广告费，重点在 P4 产品上投放广告，确保所有产品卖出。

（2）所有者权益分析。企业每年年末的所有者权益情况如图 6-16 所示。

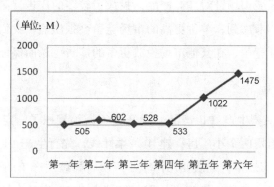

图 6-16　所有者权益折线图

在第一年，我们由于只研发 P1 产品，对 P4 产品只研发一次，因此产品研发费用比其他小组少，所有者权益与其他小组相比为最高。第二年因为 P1 产品全部正常卖出，而且广告费很低，我们的所有者权益有所增加，但排名下降。第三年企业出现资金短缺问题，所有者权益下降，排名为倒数第一。第四年企业资金断流，老师给我们提供了低利率银行贷款，并指导我们转型，因此所有者权益没有继续下降。第五年，我们开始与其他小组进行 P4 产品的市场竞争，盈利提高明显。第六年，产品全部卖出，所有者权益提高。

（3）长期贷款分析。企业每年的长期贷款情况如图 6-17 所示。

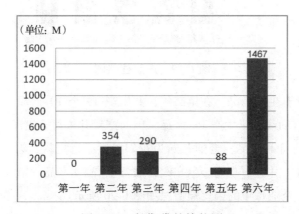

图 6-17 长期贷款柱状图

我们在第二年与第三年采用五等分算法正常申请了长期贷款，在第四年由于所有者权益下降，无法申请长期贷款，而在第五年只能申请到极少的长期贷款。在第六年我们终于可以正常申请长期贷款了。

（4）短期贷款分析。企业每年每季的短期贷款情况如图 6-18 所示。

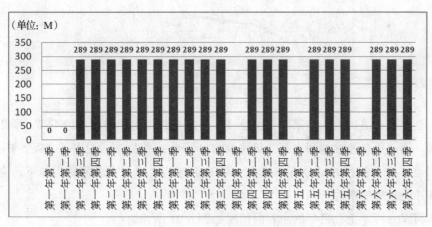

图 6-18 短期贷款柱状图

为保证资金正常周转，从第一年第三季开始，我们坚持每季申请 289M 的短期贷款，但是自第四年开始，由于上一年所有者权益下降，贷款额度降低，导致贷款中断，最后我们依靠老师提供的贷款才渡过难关。

（5）产能分析。企业每年的产能情况如图 6-19 所示。

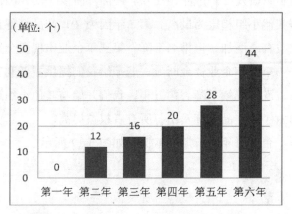

图 6-19　产能柱状图

在第一年，我们没有生产产品。在第二年，共生产 12 个 P1 产品。自第三年开始研发 P4 产品，并安装 4 条全自动线用于生产 P4 产品，因而产量并未显著提高。第四年因资金困难，企业停产，只卖出部分 P4 产品，老师开始为我们提供银行贷款。第五年在银行贷款的帮助下，企业产能恢复正常，并进一步安装生产线，准备生产 P4 产品。第六年产能继续扩大。

（6）销售额分析。企业每年的销售额情况如图 6-20 所示。

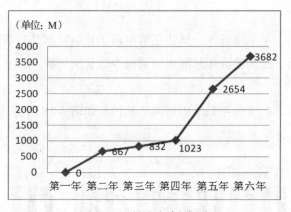

图 6-20　销售额折线图

第一年企业没有销售收入。第二年虽然 P1 产品全部卖出，但因单价不高，所以销售额没其他小组高。第三年企业继续利用第二年建设的 4 条生产线生产，卖出了 16 个 P1 产品。第四年资金困难，企业停产，部分订单违约。第五年与第六年，在老师的指导下，企业转型成功，销售额开始大幅度增加。

（7）净利润分析。企业每年的净利润情况如图 6-21 所示。

第一年企业没有销售收入，净利润为负，第二年卖出全部产品后，净利润提高至 97M。第三年由于产品毛利太低，同时安装新生产线，导致净利润下降。第四年企业资金断流，在老师的帮助下渡过难关，净利润小幅提高，第五年开始加大销售 P4 产品的力度，净利润大幅提高。第六年大部分产品正常卖出，净利润继续保持高增长趋势。

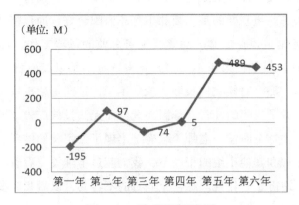

图 6-21 净利润折线图

（二）经营体验（得与失）

1. 生产总监

截至周日晚上，为期两天的企业沙盘推演课程结束了。我原以为该课程会比较轻松，没想到比以往上课还要累。虽然累，但是我们没有一个人抱怨或者半途而废，我们在该课程中锻炼了自我。

我们三人一组，其中总经理一名，财务总监一名，生产总监一名。而我作为生产总监，需要担负原材料采购和产品生产的责任，不同原材料的入库周期不同、不同产品所需要的原材料不同，每一次采购都需要严格的推演和计算做支持，一旦原材料采购出问题，生产就不能正常进行，产能就会下降。虽然只是虚拟的生产经营，但我们还是希望能够把自己的企业经营好，因此作为生产总监的我还是有很大压力的。

在经营过程中，我们遇到了资金不足、原材料不足、产能低下、不知如何进行市场开拓和产品转产、不知如何合理打广告和接生产订单等一系列的问题。这些都是我们在现实生活中没有接触过的，因此在操作过程中，我们做出了一些不合理的决定：未能及早开发新产品、转产时没有及早做好原材料的预算以致停产、订单太多导致无法按期交货……使企业中期陷入亏损。在第四年因为资金不足，无法支付各项开销，企业濒临破产。但最终在"政府"（老师）的帮助下，我们渡过了难关。

总结起来，我们的很多失误都是由于小组成员沟通不畅、分工不明确而导致的。但最后在老师的帮助和提醒下，我们逐渐达成共识，各司其职，让整个企业"活了起来"。老师的提醒，使我们意识到团队成员需要理解与包容。我们大家都为了一个目标而奋斗，那就是使我们的企业经营达到最优成效。我们只有互相理解，互相协作，互相信任和支持，达成共识，才能够更有效地去解决一些问题。在资金周转不开，企业可能倒闭的情况下，我们必须步伐稳健，如此才能够有机会反败为胜。

2. 财务总监

在沙盘推演课程中，我学到了很多，体会到了经营企业的不易，以及团队合作的重要性。以前只听说财务工作很辛苦，直到亲身体验后我才知道原来比我想象的更加辛苦，更加不容易。你需要反复的计算，需要保证资金充足，要算好借多少钱，以及每年偿还多少利息，要清楚钱都花到什么地方去了。更重要的是，要和生产总监配合好，通过精准计算，把钱花到合适的地方，要协助总经理制定最佳方案。总之，财务总监的每项工作，都是无法替代的。一开始，我们经营得很顺利，但是在第四年，因为觉得资金不足以买原材料，所以我们停产了几季，导致销售订单违约，那个时候我们长期贷款贷不了，短期贷款也贷不了，完全无法继续经营，且别的小组早就完成了当年的经营，却因为我们而无法投放广告，因此我们十分沮丧，以为企业就这样破产了。在这个时候，老师（政府）出现了，帮我们借到了贷款，还撤销了多余的销售订单，最终在老师和其他小组的帮助下，我们渡过了难关。看着我们的所有者权益总算有所提高了，我们长长地舒了一口气。经营企业真的不容易，以后我会多多锻炼自己，进一步提高自己的能力。

3. 总经理

为期两天的沙盘推演课程已经结束，我感慨颇多。在这样一个模拟企业经营的训练中，我收获了很多。从生产总监到财务总监再到总经理，我对于一个企业的三个职务的特点都有了初步了解，对于生产型企业的经营模式也有了初步了解，也着实了解到了经营一个企业的不易。总经理要有大局意识，有抗压能力，要有前瞻性的思维。在经营过程中，由于我们没有购买到足够的原材料，企业停产，最后权益狂降，没有贷款额度，没有周转资金，企业陷入了困境，这个时候整个小组都非常沮丧。好在有老师的帮助、其他企业的援助，我们的企业又恢复了生机。遇到困难不可怕，关键是要及时吸取经验和教训。我们之所以会陷入困境，是因为没有明确分工、财务总监没有做好预算，生产总监没有计算好购买多少原材料，而总经理没有做好战略决策。意识到这些问题后，我们及时整改，终于勉强撑了过来。总而言之，虽然我们小组出现了问题，没有取得一个好成绩，但是在经营过程中我明白了很多道理：不轻言放弃，哪怕还有一丝希望，也要咬牙坚持。

（三）教师点评

首先，C小组以两个小厂房开局的方法不值得提倡。两个小厂房和一个大厂房相比，从短期来看，几乎效用是一样的。但是长远来看，随着发展壮大，企业会不断提高产能，最后，小厂房就成了限制企业发展和产能提高的重要因素。建议在选择厂房时，一定要有长远眼光，在开局时，直接选择大厂房。虽然前期企业资金不充足，但只要做好财务预算也不会有问题。如此企业在后期也会有很大的发展空间。

其次，选择以P1产品开局，后期再转产P4产品，这种产品组合，明显是错误的。P1产品作为利润最低的产品，产品价格一年比一年低，企业生产P1产品虽然竞争压力小，但投资回报太低，无法积累资金，所有者权益上涨的速度太慢。后期企业直接研发P4产品，并扩建生产线，但由于融资无法跟上，导致资金断流。

最后，开局时建设四条柔性线，没有发挥柔性线的作用。本来企业是想为以后转产提供便利，但在实际经营时，却又迟迟没有转产，白白浪费了建设资金。同时，柔性线的折旧费用很高，这进一步增加了企业盈利的难度。

二、案例四 D 小组

（一）战略分析

1．市场分析

第一年，市场空间最大，企业间的竞争压力最小，企业处于自身建设时期，各企业建设厂房与生产线，并着力研发 P2 与 P3 产品的生产资格证。第二年，市场空间较大，企业间的竞争压力较小，企业处于自身建设时期，企业开始生产 P2 与 P3 产品，并逐步取得 P4 产品的生产资格证，同时扩建厂房与生产线。第三年，市场空间开始缩小，企业间的竞争压力逐渐增加，企业处于自身建设时期与战略机遇期，各企业继续扩建生产线与租用厂房，同时将部分P2 或 P3 生产线转产 P4 产品。第四年，市场空间持续缩小，企业的竞争实力飞速增加，企业间的竞争压力增大，生产 P3 与 P2 的生产线已经大部分转换为生产 P4 产品，企业销售压力显著增强。第五年，P4 产品的市场竞争激烈，企业间的竞争压力显著增加，P4 产品已成为各企业的主要产品，部分企业可能会将部分生产 P4 的生产线转向生产 P3 与 P2 产品。第六年，市场空间最小，各企业产能达到峰值，企业间的竞争最为激烈，各企业主要以产能与销售量进行竞争。

2．企业经营战略

第一年建设 3 条柔性线和 1 条全自动线，从第二年开始，计划每年新建 4 条全自动线，计划在第四年将 16 条生产线全部建成。第二年开始生产 P2 与 P3 产品，从第三年开始，所有生产线全部生产 P4 产品，贷款采用长期贷款与短期贷款组合的方式申请，广告策略采用中等广告策略。

3．六年经营过程（战略执行情况）

第一年，租用了一个大厂房，建设 3 条柔性线和 1 条全自动线，其中柔性线生产 P2 产品，全自动线生产 P3 产品，研发 P2、P3 产品，开拓全部市场，产品认证全部投资。第二年，由于主卖的产品为 P2，所以企业只投放了少量广告，便将产品全部卖出，但销售产品的应收账期都很长。由于资金不足，企业为节约资金，租用了一个小厂房，建设 2 条全自动线，生产 P4。第三年，将生产 P2 的全自动线以及 3 条柔性线全部转产生产 P4，但是 P4 产品的研发进度慢于新建 2 条生产线的速度，导致 2 条生产线建成之后停产了一季，产能没有按预期提高。原材料也出现了积压，产品的应收账期仍然很长，企业没有资金建设生产线，出现经营危机。第四年，企业全线生产 P4 产品，在四个市场共投入了 95M 的广告费，卖出了 22 个产品，库存剩余 2 个，租用了一个大厂房，建设了 4 条生产线。第五年，由于产能提高，企业将广告费增加到 250M，产品全部卖出，因担心产能过高，因此没有继续新建生产线。第六年，因为其他小组的产能大部分都达到了最大值，为确保自己的产品全部卖出，企业在 P4 产品上投入了 418M 的广告费，产品顺利卖出，结束经营。

4．经营分析

（1）广告额分析。企业每年的广告总额投放情况如图 6-22 所示。

第一年企业由于产能为 0 所以没有广告费支出，第二年到第四年的广告费支出较少，第四年到第五年广告费大幅提高。

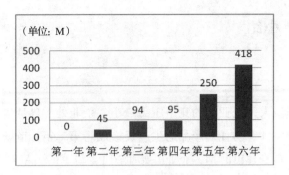

图 6-22　广告总额柱状图

（2）所有者权益分析。企业每年年末的所有者权益情况如图 6-23 所示。

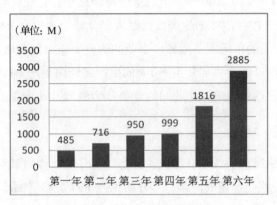

图 6-23　所有者权益柱状图

在第一年到第三年所有者权益匀速提高，在第四年提高幅度较少，在第五年与第六年明显提高。

（3）长期贷款分析。企业每年的长期贷款情况如图 6-24 所示。

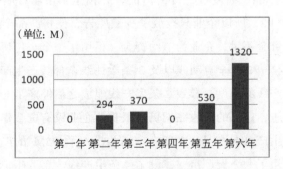

图 6-24　长期贷款柱状图

企业自第二年开始申请长期贷款且贷款额度较小，在第三年贷款额度有所提高，在第四年没有申请，在第五年贷款额度明显提高，在第六年贷款额度最大。

（4）短期贷款分析。企业每年每季的短期贷款情况如图 6-25 所示。

企业自第一年第三季起开始申请短期贷款且数额较小，以后每年申请短期贷款的数额逐步提高，且每年每季申请的短期贷款数额一致。企业的短期贷款整体稳定且呈提高趋势。

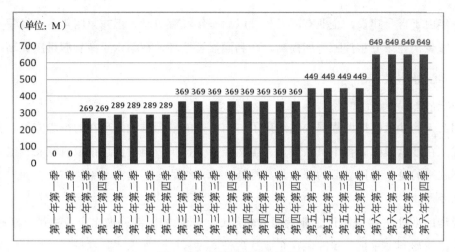

图 6-25　短期贷款柱状图

（5）产能分析。企业每年的产能情况如图 6-26 所示。

企业在第一年由于自身建设产能为 0，在第二年到第四年产能提高较慢，在第五年提高较快，在第六年产能达到 40 个，但与其他小组相比，没有达到最大值。

（6）销售额分析。企业每年的销售额情况如图 6-27 所示。

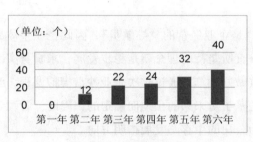

图 6-26　产能柱状图

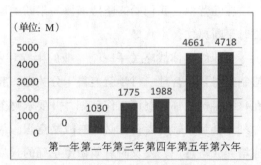

图 6-27　销售额柱状图

企业在第一年由于自身建设没有完成，因此销售额为 0，在第二年到第四年销售额较少且增长缓慢，在第五年销售额猛增并在第六年最高。

（7）净利润分析。企业每年的净利润情况如图 6-28 所示。

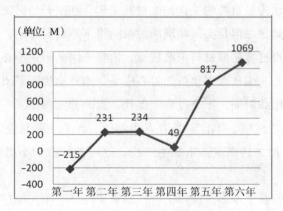

图 6-28　净利润折线图

165

第一年由于自身建设，企业有所亏损，以后每年都有盈利，但在第四年由于经营失误，导致净利润减少，在第五年伴随产能提高，净利润显著增加，在第六年净利润再次提高。

（二）心得体会

1．总经理

为期两天的沙盘模拟课程很快就结束了，由原来的懵懂求教到现在的得心应手，我们从中受益匪浅。在沙盘模拟课程中虽然很累，虽然经历了挫折，但我们过得很有意义、很充实。令我们感到欣慰的是，不论最后的分数是高是低，我们组通过了这次考验。在本次课程中，我有幸成了总经理。

总经理的职能主要是制订企业发展战略规划，带领团队共同做出企业决策，审核财务状况，听取企业盈利（亏损）状况。在企业沙盘推演过程中，如果团队意见不一致，由总经理拍板决定。总经理的决策有时候决定了企业的成功或失败，在经营中我感到了压力，同时有着要做好并获胜的决心。

作为总经理，制定一个好的战略是经营企业的根本。为了不让队友们失望，更为了寻找一个好的经营策略，在第一天课程结束后，我冥思苦想，经过慎重考虑，决定在产品上走专业化道路，在市场上走多元化道路。

在经营中，我们始终坚持谨慎与果断的原则：在事前谨慎权衡利弊、不骄不躁，在机会来临时果断抓住，不犹豫。

企业的整体战略关乎一个企业的生存和发展，是企业经营的"导航员"，因此企业整体战略制定得是否合理、科学就变得十分关键。我们一直所坚持的理念就是稳步发展，求真务实。在每年年初我都会制订工作计划，并要求财务总监做好预算。通过这次企业沙盘模拟课程，我深刻体会到，管理者首先必须有战略意识。战略是基于对未来的预期而确定的，因此，管理者应培养战略意识，要及时有效做出正确的预期，为公司的生存与发展指明方向。

2．生产总监

通过这次企业沙盘的实战演练，我明白了生产总监的主要任务包括生产运作、原材料的采购及新产品的研发。这是我们平时在学习、生活中很少接触的领域，我们从陌生到逐渐熟悉与掌握其中的原理，付出了很多心血。

作为生产总监，我认为最重要的工作是原材料采购，在刚开始时我真的非常焦虑，因为我对整个进货流程还不太熟悉，但是必须在准确的时间里下原材料订单，当时我每进入一个季度都非常紧张，非常害怕自己算错原材料采购数量，给整个团队带来不必要的损失。但随着时间的推移，我渐渐有了信心，工作起来也更加得心应手。当然这少不了团队对我的包容，在我比较慌乱的时候，他们会给我时间，不会过分催促我，真的非常感谢。

关于我们小组的最终成绩，我觉得是有点遗憾的。作为生产总监，我有的时候因为怕麻烦，希望小组不要过分地去转产或是增加生产线，这可能使我们小组错过了很多可以发展的机会。

在这次课程中，我收获了很多，懂得了合作的重要性。一个人单打独斗很难成功，只有大家一起努力，才有可能更快迈向成功。

3．财务总监

在企业沙盘模拟课程中，我们所模拟的是一个生产制造型企业。在学习完理论知识后，我们开始了动手实践。尽管在结账的时候没有做到最好，但我觉得我们也很不错。总的来说，对于沙盘模拟，我们缺乏经验和实践，但我们也从中学到了很多知识，有了很多经验。

在实际操作过程中，我担任的是财务总监。我的主要任务是每年年初与总经理、生产总监一起制定预算，并在经营过程中对每笔现金的支出与收入进行记录与核对。此外，还在每季季初与季末的时候进行现金盘点，在每年年末的时候计算总开支、总收入与净利润，并填写明细表与资产负债表。在这期间，我出现了很多错误：做预算时总是忘记某项开支，使资金经常周转不过来……这些错误让我认识到，财务总监需要有缜密的思维与快速的反应能力。下面是我的经验总结和感悟。

在每年做预算的时候，财务总监要细心谨慎，认真计算每一笔支出，考虑全面。因为在实际经营中有很多突发事件。

在每次借贷时，都要计算好额度，多计算几遍，确保贷款金额正确，以免贷款错误导致资金周转不过来。

在每年年末的时候，要计算每年的收入、费用与利润，并与小组成员商讨下一年的最佳方案，实现利益最大化。

完成这次沙盘模拟训练后，我也有了一些感悟。一是，我们要团结合作，发挥团队精神。二是，我们要各司其职，做好本职工作。

在本次课程中，在同学的帮助与老师的悉心指导下，我学到了很多。我知道了一个企业基本的运营规则，知道了很多专业名词，学会了记账，提高了实践能力。在以后的生活中，我会不断进步，超越自我。

（三）教师点评

D 小组是一个团结的集体，分工明确，态度认真，各岗位人员的执行力比较强。企业经营的最终排名不高，其主要原因是经验不足，害怕竞争，在战略层面上产生了失误。

首先，生产线布局不合理。以 3 条柔性线与 1 条全自动线开局，生产 P2 与 P3 产品，并把主要产能放在 P2 上面，低估了 P3 产品的市场需求量。

其次，广告投放不合理。第二年广告投放过少，导致销售订单回款时间过长，没有足够的资金促进产能提高。到了第六年，害怕产品无法卖完，竟然将广告费调到了 418M，导致资金浪费严重。

最后，有关产能的决策不合理。在第二年提高产能时，为了节约租金，选择了小厂房，没有选择大厂房。在第五年企业快速发展时期，没有选择继续增加第四个厂房，提高产能。

附录 A 生产排程表

生产排程表

期数	第一年				第二年				第三年				第四年				第五年				第六年			
	1	2	3	4	1	2	3	4	1	2	3	4	1	2	3	4	1	2	3	4	1	2	3	4
P1																								
P2																								
P3																								
P4																								

生产排程表

期数	第一年				第二年				第三年				第四年				第五年				第六年			
	1	2	3	4	1	2	3	4	1	2	3	4	1	2	3	4	1	2	3	4	1	2	3	4
P1																								
P2																								
P3																								
P4																								

生产排程表

期数	第一年				第二年				第三年				第四年				第五年				第六年			
	1	2	3	4	1	2	3	4	1	2	3	4	1	2	3	4	1	2	3	4	1	2	3	4
P1																								
P2																								
P3																								
P4																								

生产排程表

期数	第一年				第二年				第三年				第四年				第五年				第六年			
	1	2	3	4	1	2	3	4	1	2	3	4	1	2	3	4	1	2	3	4	1	2	3	4
P1																								
P2																								
P3																								
P4																								

附录 B 原材料采购表

原材料采购表

第一年	第一季				第二季				第三季				第四季			
原材料	R1	R2	R3	R4	R1	R2	R3	R4	R1	R2	R3	R4	R1	R2	R3	R4
入库																
领用																
订购数量																

第二年	第一季				第二季				第三季				第四季			
原材料	R1	R2	R3	R4	R1	R2	R3	R4	R1	R2	R3	R4	R1	R2	R3	R4
入库																
领用																
订购数量																

第三年	第一季				第二季				第三季				第四季			
原材料	R1	R2	R3	R4	R1	R2	R3	R4	R1	R2	R3	R4	R1	R2	R3	R4
入库																
领用																
订购数量																

第四年	第一季				第二季				第三季				第四季			
原材料	R1	R2	R3	R4	R1	R2	R3	R4	R1	R2	R3	R4	R1	R2	R3	R4
入库																
领用																
订购数量																

第五年	第一季				第二季				第三季				第四季			
原材料	R1	R2	R3	R4	R1	R2	R3	R4	R1	R2	R3	R4	R1	R2	R3	R4
入库																
领用																
订购数量																

第六年	第一季				第二季				第三季				第四季			
原材料	R1	R2	R3	R4	R1	R2	R3	R4	R1	R2	R3	R4	R1	R2	R3	R4
入库																
领用																
订购数量																

原材料采购表

第一年	第一季				第二季				第三季				第四季			
原材料	R1	R2	R3	R4	R1	R2	R3	R4	R1	R2	R3	R4	R1	R2	R3	R4
入库																
领用																
订购数量																

第二年	第一季				第二季				第三季				第四季			
原材料	R1	R2	R3	R4	R1	R2	R3	R4	R1	R2	R3	R4	R1	R2	R3	R4
入库																
领用																
订购数量																

第三年	第一季				第二季				第三季				第四季			
原材料	R1	R2	R3	R4	R1	R2	R3	R4	R1	R2	R3	R4	R1	R2	R3	R4
入库																
领用																
订购数量																

第四年	第一季				第二季				第三季				第四季			
原材料	R1	R2	R3	R4	R1	R2	R3	R4	R1	R2	R3	R4	R1	R2	R3	R4
入库																
领用																
订购数量																

第五年	第一季				第二季				第三季				第四季			
原材料	R1	R2	R3	R4	R1	R2	R3	R4	R1	R2	R3	R4	R1	R2	R3	R4
入库																
领用																
订购数量																

第六年	第一季				第二季				第三季				第四季			
原材料	R1	R2	R3	R4	R1	R2	R3	R4	R1	R2	R3	R4	R1	R2	R3	R4
入库																
领用																
订购数量																

原材料采购表

第一年	第一季				第二季				第三季				第四季			
原材料	R1	R2	R3	R4	R1	R2	R3	R4	R1	R2	R3	R4	R1	R2	R3	R4
入库																
领用																
订购数量																
第二年	第一季				第二季				第三季				第四季			
原材料	R1	R2	R3	R4	R1	R2	R3	R4	R1	R2	R3	R4	R1	R2	R3	R4
入库																
领用																
订购数量																
第三年	第一季				第二季				第三季				第四季			
原材料	R1	R2	R3	R4	R1	R2	R3	R4	R1	R2	R3	R4	R1	R2	R3	R4
入库																
领用																
订购数量																
第四年	第一季				第二季				第三季				第四季			
原材料	R1	R2	R3	R4	R1	R2	R3	R4	R1	R2	R3	R4	R1	R2	R3	R4
入库																
领用																
订购数量																
第五年	第一季				第二季				第三季				第四季			
原材料	R1	R2	R3	R4	R1	R2	R3	R4	R1	R2	R3	R4	R1	R2	R3	R4
入库																
领用																
订购数量																
第六年	第一季				第二季				第三季				第四季			
原材料	R1	R2	R3	R4	R1	R2	R3	R4	R1	R2	R3	R4	R1	R2	R3	R4
入库																
领用																
订购数量																

原材料采购表

第一年	第一季				第二季				第三季				第四季			
原材料	R1	R2	R3	R4	R1	R2	R3	R4	R1	R2	R3	R4	R1	R2	R3	R4
入库																
领用																
订购数量																

第二年	第一季				第二季				第三季				第四季			
原材料	R1	R2	R3	R4	R1	R2	R3	R4	R1	R2	R3	R4	R1	R2	R3	R4
入库																
领用																
订购数量																

第三年	第一季				第二季				第三季				第四季			
原材料	R1	R2	R3	R4	R1	R2	R3	R4	R1	R2	R3	R4	R1	R2	R3	R4
入库																
领用																
订购数量																

第四年	第一季				第二季				第三季				第四季			
原材料	R1	R2	R3	R4	R1	R2	R3	R4	R1	R2	R3	R4	R1	R2	R3	R4
入库																
领用																
订购数量																

第五年	第一季				第二季				第三季				第四季			
原材料	R1	R2	R3	R4	R1	R2	R3	R4	R1	R2	R3	R4	R1	R2	R3	R4
入库																
领用																
订购数量																

第六年	第一季				第二季				第三季				第四季			
原材料	R1	R2	R3	R4	R1	R2	R3	R4	R1	R2	R3	R4	R1	R2	R3	R4
入库																
领用																
订购数量																

附录 C　财务预算表

财务预算表

初始权益		第一季	第二季	第三季	第四季
年度规划（年初现金）					
应收账款贴现					
信息费					
广告费					
应交税金					
长期贷款利息					
偿还长期贷款					
申请长期贷款					
季初现金					
短期贷款利息					
归还短期贷款					
检验值					
申请短期贷款					
原材料入库					
第一次租厂房					
新建/续建生产线					
生产线转产					
生产线变卖					
紧急采购原料					
租赁线退线损失					
上线生产					
检验值					
更新应收账款					
立即得现					
应收账款贴现					
紧急采购产成品					
购买厂房					
续租厂房					
产品研发					
市场开拓					
ISO 认证					
违约损失					
设备维护费用					
生产线折旧					
支付行政管理费					
季末现金					

财务预算表

初始权益		第一季	第二季	第三季	第四季
年度规划（年初现金）					
应收账款贴现					
信息费					
广告费					
应交税金					
长期贷款利息					
偿还长期贷款					
申请长期贷款					
季初现金					
短期贷款利息					
归还短期贷款					
检验值					
申请短期贷款					
原材料入库					
第一次租厂房					
新建/续建生产线					
生产线转产					
生产线变卖					
紧急采购原料					
租赁线退线损失					
上线生产					
检验值					
更新应收账款					
立即得现					
应收账款贴现					
紧急采购产成品					
购买厂房					
续租厂房					
产品研发					
市场开拓					
ISO 认证					
违约损失					
设备维护费用					
生产线折旧					
支付行政管理费					
季末现金					

财务预算表

初始权益		第一季	第二季	第三季	第四季
年度规划（年初现金）					
应收账款贴现					
信息费					
广告费					
应交税金					
长期贷款利息					
偿还长期贷款					
申请长期贷款					
季初现金					
短期贷款利息					
归还短期贷款					
检验值					
申请短期贷款					
原材料入库					
第一次租厂房					
新建/续建生产线					
生产线转产					
生产线变卖					
紧急采购原料					
租赁线退线损失					
上线生产					
检验值					
更新应收账款					
立即得现					
应收账款贴现					
紧急采购产成品					
购买厂房					
续租厂房					
产品研发					
市场开拓					
ISO 认证					
违约损失					
设备维护费用					
生产线折旧					
支付行政管理费					
季末现金					

财务预算表

初始权益		第一季	第二季	第三季	第四季
年度规划（年初现金）					
应收账款贴现					
信息费					
广告费					
应交税金					
长期贷款利息					
偿还长期贷款					
申请长期贷款					
季初现金					
短期贷款利息					
归还短期贷款					
检验值					
申请短期贷款					
原材料入库					
第一次租厂房					
新建/续建生产线					
生产线转产					
生产线变卖					
紧急采购原料					
租赁线退线损失					
上线生产					
检验值					
更新应收账款					
立即得现					
应收账款贴现					
紧急采购产成品					
购买厂房					
续租厂房					
产品研发					
市场开拓					
ISO 认证					
违约损失					
设备维护费用					
生产线折旧					
支付行政管理费					
季末现金					

财务预算表

初始权益		第一季	第二季	第三季	第四季
年度规划（年初现金）					
应收账款贴现					
信息费					
广告费					
应交税金					
长期贷款利息					
偿还长期贷款					
申请长期贷款					
季初现金					
短期贷款利息					
归还短期贷款					
检验值					
申请短期贷款					
原材料入库					
第一次租厂房					
新建/续建生产线					
生产线转产					
生产线变卖					
紧急采购原料					
租赁线退线损失					
上线生产					
检验值					
更新应收账款					
立即得现					
应收账款贴现					
紧急采购产成品					
购买厂房					
续租厂房					
产品研发					
市场开拓					
ISO 认证					
违约损失					
设备维护费用					
生产线折旧					
支付行政管理费					
季末现金					

财务预算表

初始权益		第一季	第二季	第三季	第四季
年度规划（年初现金）					
应收账款贴现					
信息费					
广告费					
应交税金					
长期贷款利息					
偿还长期贷款					
申请长期贷款					
季初现金					
短期贷款利息					
归还短期贷款					
检验值					
申请短期贷款					
原材料入库					
第一次租厂房					
新建/续建生产线					
生产线转产					
生产线变卖					
紧急采购原料					
租赁线退线损失					
上线生产					
检验值					
更新应收账款					
立即得现					
应收账款贴现					
紧急采购产成品					
购买厂房					
续租厂房					
产品研发					
市场开拓					
ISO 认证					
违约损失					
设备维护费用					
生产线折旧					
支付行政管理费					
季末现金					

财务预算表

初始权益		第一季	第二季	第三季	第四季
年度规划（年初现金）					
应收账款贴现					
信息费					
广告费					
应交税金					
长期贷款利息					
偿还长期贷款					
申请长期贷款					
季初现金					
短期贷款利息					
归还短期贷款					
检验值					
申请短期贷款					
原材料入库					
第一次租厂房					
新建/续建生产线					
生产线转产					
生产线变卖					
紧急采购原料					
租赁线退线损失					
上线生产					
检验值					
更新应收账款					
立即得现					
应收账款贴现					
紧急采购产成品					
购买厂房					
续租厂房					
产品研发					
市场开拓					
ISO 认证					
违约损失					
设备维护费用					
生产线折旧					
支付行政管理费					
季末现金					

财务预算表

初始权益		第一季	第二季	第三季	第四季
年度规划（年初现金）					
应收账款贴现					
信息费					
广告费					
应交税金					
长期贷款利息					
偿还长期贷款					
申请长期贷款					
季初现金					
短期贷款利息					
归还短期贷款					
检验值					
申请短期贷款					
原材料入库					
第一次租厂房					
新建/续建生产线					
生产线转产					
生产线变卖					
紧急采购原料					
租赁线退线损失					
上线生产					
检验值					
更新应收账款					
立即得现					
应收账款贴现					
紧急采购产成品					
购买厂房					
续租厂房					
产品研发					
市场开拓					
ISO 认证					
违约损失					
设备维护费用					
生产线折旧					
支付行政管理费					
季末现金					

财务预算表

初始权益		第一季	第二季	第三季	第四季
年度规划（年初现金）					
应收账款贴现					
信息费					
广告费					
应交税金					
长期贷款利息					
偿还长期贷款					
申请长期贷款					
季初现金					
短期贷款利息					
归还短期贷款					
检验值					
申请短期贷款					
原材料入库					
第一次租厂房					
新建/续建生产线					
生产线转产					
生产线变卖					
紧急采购原料					
租赁线退线损失					
上线生产					
检验值					
更新应收账款					
立即得现					
应收账款贴现					
紧急采购产成品					
购买厂房					
续租厂房					
产品研发					
市场开拓					
ISO 认证					
违约损失					
设备维护费用					
生产线折旧					
支付行政管理费					
季末现金					

財務預算表

初始权益		第一季	第二季	第三季	第四季
年度规划（年初现金）					
应收账款贴现					
信息费					
广告费					
应交税金					
长期贷款利息					
偿还长期贷款					
申请长期贷款					
季初现金					
短期贷款利息					
归还短期贷款					
检验值					
申请短期贷款					
原材料入库					
第一次租厂房					
新建/续建生产线					
生产线转产					
生产线变卖					
紧急采购原料					
租赁线退线损失					
上线生产					
检验值					
更新应收账款					
立即得现					
应收账款贴现					
紧急采购产成品					
购买厂房					
续租厂房					
产品研发					
市场开拓					
ISO 认证					
违约损失					
设备维护费用					
生产线折旧					
支付行政管理费					
季末现金					

财务预算表

初始权益		第一季	第二季	第三季	第四季
年度规划（年初现金）					
应收账款贴现					
信息费					
广告费					
应交税金					
长期贷款利息					
偿还长期贷款					
申请长期贷款					
季初现金					
短期贷款利息					
归还短期贷款					
检验值					
申请短期贷款					
原材料入库					
第一次租厂房					
新建/续建生产线					
生产线转产					
生产线变卖					
紧急采购原料					
租赁线退线损失					
上线生产					
检验值					
更新应收账款					
立即得现					
应收账款贴现					
紧急采购产成品					
购买厂房					
续租厂房					
产品研发					
市场开拓					
ISO 认证					
违约损失					
设备维护费用					
生产线折旧					
支付行政管理费					
季末现金					

财务预算表

初始权益		第一季	第二季	第三季	第四季
年度规划（年初现金）					
应收账款贴现					
信息费					
广告费					
应交税金					
长期贷款利息					
偿还长期贷款					
申请长期贷款					
季初现金					
短期贷款利息					
归还短期贷款					
检验值					
申请短期贷款					
原材料入库					
第一次租厂房					
新建/续建生产线					
生产线转产					
生产线变卖					
紧急采购原料					
租赁线退线损失					
上线生产					
检验值					
更新应收账款					
立即得现					
应收账款贴现					
紧急采购产成品					
购买厂房					
续租厂房					
产品研发					
市场开拓					
ISO 认证					
违约损失					
设备维护费用					
生产线折旧					
支付行政管理费					
季末现金					

附录 D　财务报表

综合管理费用明细表

项　目	金　额	备　注
管理费		
广告费		
维护费		
损失		
转产费		
厂房租金		
市场开拓		
ISO 认证		□ISO 9000　□1SO 14000
产品研发		
信息费		
合计		

利润表

项　目	金　额
销售收入	
直接成本	
毛利	
综合费用	
折旧前利润	
折旧	
支付利息前利润	
财务费用	
税前利润	
所得税	
净利润	

资产负债表

资　产	本年数	负债和所有者权益	本年数
流动资产:		负债:	
现金		长期负债	
应收账款		短期负债	
在制品		应付账款	
产成品		应交税金	
原材料		负债合计	
流动资产合计			
固定资产:		所有者权益:	
土地和建筑		股东资本	
机器与设备		利润留存	
在建工程		年度净利	
固定资产合计		所有者权益合计	
资产总计		负债和所有者权益总计	

综合管理费用明细表

项　目	金　额	备　注
管理费		
广告费		
维护费		
损失		
转产费		
厂房租金		
市场开拓		
ISO 认证		□ISO 9000　□1SO 14000
产品研发		
信息费		
合计		

利润表

项　目	金　额
销售收入	
直接成本	
毛利	
综合费用	
折旧前利润	
折旧	
支付利息前利润	
财务费用	
税前利润	
所得税	
净利润	

资产负债表

资　　产	本年数	负债和所有者权益	本年数
流动资产：		负债：	
现金		长期负债	
应收账款		短期负债	
在制品		应付账款	
产成品		应交税金	
原材料		负债合计	
流动资产合计			
固定资产：		所有者权益：	
土地和建筑		股东资本	
机器与设备		利润留存	
在建工程		年度净利	
固定资产合计		所有者权益合计	
资产总计		负债和所有者权益总计	

综合管理费用明细表

项 目	金 额	备 注
管理费		
广告费		
维护费		
损失		
转产费		
厂房租金		
市场开拓		
ISO 认证		□ISO 9000　□1SO 14000
产品研发		
信息费		
合计		

利润表

项 目	金 额
销售收入	
直接成本	
毛利	
综合费用	
折旧前利润	
折旧	
支付利息前利润	
财务费用	
税前利润	
所得税	
净利润	

资产负债表

资　　产	本年数	负债和所有者权益	本年数
流动资产:		负债:	
现金		长期负债	
应收账款		短期负债	
在制品		应付账款	
产成品		应交税金	
原材料		负债合计	
流动资产合计			
固定资产:		所有者权益:	
土地和建筑		股东资本	
机器与设备		利润留存	
在建工程		年度净利	
固定资产合计		所有者权益合计	
资产总计		负债和所有者权益总计	

综合管理费用明细表

项 目	金 额	备 注
管理费		
广告费		
维护费		
损失		
转产费		
厂房租金		
市场开拓		
ISO 认证		□ISO 9000 □1SO 14000
产品研发		
信息费		
合计		

利润表

项 目	金 额
销售收入	
直接成本	
毛利	
综合费用	
折旧前利润	
折旧	
支付利息前利润	
财务费用	
税前利润	
所得税	
净利润	

资产负债表

资 产	本年数	负债和所有者权益	本年数
流动资产：		负债：	
现金		长期负债	
应收账款		短期负债	
在制品		应付账款	
产成品		应交税金	
原材料		负债合计	
流动资产合计			
固定资产：		所有者权益：	
土地和建筑		股东资本	
机器与设备		利润留存	
在建工程		年度净利	
固定资产合计		所有者权益合计	
资产总计		负债和所有者权益总计	

综合管理费用明细表

项 目	金 额	备 注
管理费		
广告费		
维护费		
损失		
转产费		
厂房租金		
市场开拓		
ISO 认证		□ISO 9000 □1SO 14000
产品研发		
信息费		
合 计		

利润表

项 目	金 额
销售收入	
直接成本	
毛利	
综合费用	
折旧前利润	
折旧	
支付利息前利润	
财务费用	
税前利润	
所得税	
净利润	

资产负债表

资 产	本年数	负债和所有者权益	本年数
流动资产：		负债：	
现金		长期负债	
应收账款		短期负债	
在制品		应付账款	
产成品		应交税金	
原材料		负债合计	
流动资产合计			
固定资产：		所有者权益：	
土地和建筑		股东资本	
机器与设备		利润留存	
在建工程		年度净利	
固定资产合计		所有者权益合计	
资产总计		负债和所有者权益总计	

综合管理费用明细表

项　目	金　额	备　注
管理费		
广告费		
维护费		
损失		
转产费		
厂房租金		
市场开拓		
ISO 认证		□ISO 9000　□1SO 14000
产品研发		
信息费		
合计		

利润表

项　目	金　额
销售收入	
直接成本	
毛利	
综合费用	
折旧前利润	
折旧	
支付利息前利润	
财务费用	
税前利润	
所得税	
净利润	

资产负债表

资　　产	本年数	负债和所有者权益	本年数
流动资产：		负债：	
现金		长期负债	
应收账款		短期负债	
在制品		应付账款	
产成品		应交税金	
原材料		负债合计	
流动资产合计			
固定资产：		所有者权益：	
土地和建筑		股东资本	
机器与设备		利润留存	
在建工程		年度净利	
固定资产合计		所有者权益合计	
资产总计		负债和所有者权益总计	

综合管理费用明细表

项 目	金 额	备 注
管理费		
广告费		
维护费		
损失		
转产费		
厂房租金		
市场开拓		
ISO 认证		□ISO 9000 □ISO 14000
产品研发		
信息费		
合 计		

利润表

项 目	金 额
销售收入	
直接成本	
毛利	
综合费用	
折旧前利润	
折旧	
支付利息前利润	
财务费用	
税前利润	
所得税	
净利润	

资产负债表

资　　产	本年数	负债和所有者权益	本年数
流动资产：		负债：	
现金		长期负债	
应收账款		短期负债	
在制品		应付账款	
产成品		应交税金	
原材料		负债合计	
流动资产合计			
固定资产：		所有者权益：	
土地和建筑		股东资本	
机器与设备		利润留存	
在建工程		年度净利	
固定资产合计		所有者权益合计	
资产总计		负债和所有者权益总计	

综合管理费用明细表

项　目	金　额	备　注
管理费		
广告费		
维护费		
损失		
转产费		
厂房租金		
市场开拓		
ISO 认证		□ISO 9000　□1SO 14000
产品研发		
信息费		
合计		

利润表

项　目	金　额
销售收入	
直接成本	
毛利	
综合费用	
折旧前利润	
折旧	
支付利息前利润	
财务费用	
税前利润	
所得税	
净利润	

资产负债表

资　产	本年数	负债和所有者权益	本年数
流动资产：		负债：	
现金		长期负债	
应收账款		短期负债	
在制品		应付账款	
产成品		应交税金	
原材料		负债合计	
流动资产合计			
固定资产：		所有者权益：	
土地和建筑		股东资本	
机器与设备		利润留存	
在建工程		年度净利	
固定资产合计		所有者权益合计	
资产总计		负债和所有者权益总计	

综合管理费用明细表

项　目	金　额	备　注
管理费		
广告费		
维护费		
损失		
转产费		
厂房租金		
市场开拓		
ISO 认证		□ISO 9000　□1SO 14000
产品研发		
信息费		
合计		

利润表

项　目	金　额
销售收入	
直接成本	
毛利	
综合费用	
折旧前利润	
折旧	
支付利息前利润	
财务费用	
税前利润	
所得税	
净利润	

资产负债表

资　　产	本年数	负债和所有者权益	本年数
流动资产：		负债：	
现金		长期负债	
应收账款		短期负债	
在制品		应付账款	
产成品		应交税金	
原材料		负债合计	
流动资产合计			
固定资产：		所有者权益：	
土地和建筑		股东资本	
机器与设备		利润留存	
在建工程		年度净利	
固定资产合计		所有者权益合计	
资产总计		负债和所有者权益总计	

综合管理费用明细表

项 目	金 额	备 注
管理费		
广告费		
维护费		
损失		
转产费		
厂房租金		
市场开拓		
ISO 认证		□ISO 9000 □1SO 14000
产品研发		
信息费		
合 计		

利润表

项 目	金 额
销售收入	
直接成本	
毛利	
综合费用	
折旧前利润	
折旧	
支付利息前利润	
财务费用	
税前利润	
所得税	
净利润	

资产负债表

资 产	本年数	负债和所有者权益	本年数
流动资产：		负债：	
现金		长期负债	
应收账款		短期负债	
在制品		应付账款	
产成品		应交税金	
原材料		负债合计	
流动资产合计			
固定资产：		所有者权益：	
土地和建筑		股东资本	
机器与设备		利润留存	
在建工程		年度净利	
固定资产合计		所有者权益合计	
资产总计		负债和所有者权益总计	

综合管理费用明细表

项 目	金 额	备 注
管理费		
广告费		
维护费		
损失		
转产费		
厂房租金		
市场开拓		
ISO 认证		□ISO 9000 □1SO 14000
产品研发		
信息费		
合 计		

利润表

项 目	金 额
销售收入	
直接成本	
毛利	
综合费用	
折旧前利润	
折旧	
支付利息前利润	
财务费用	
税前利润	
所得税	
净利润	

资产负债表

资 产	本年数	负债和所有者权益	本年数
流动资产:		负债:	
现金		长期负债	
应收账款		短期负债	
在制品		应付账款	
产成品		应交税金	
原材料		负债合计	
流动资产合计			
固定资产:		所有者权益:	
土地和建筑		股东资本	
机器与设备		利润留存	
在建工程		年度净利	
固定资产合计		所有者权益合计	
资产总计		负债和所有者权益总计	

综合管理费用明细表

项　目	金　额	备　注
管理费		
广告费		
维护费		
损失		
转产费		
厂房租金		
市场开拓		
ISO 认证		□ISO 9000　□1SO 14000
产品研发		
信息费		
合计		

利润表

项　目	金　额
销售收入	
直接成本	
毛利	
综合费用	
折旧前利润	
折旧	
支付利息前利润	
财务费用	
税前利润	
所得税	
净利润	

资产负债表

资　产	本年数	负债和所有者权益	本年数
流动资产：		负债：	
现金		长期负债	
应收账款		短期负债	
在制品		应付账款	
产成品		应交税金	
原材料		负债合计	
流动资产合计			
固定资产：		所有者权益：	
土地和建筑		股东资本	
机器与设备		利润留存	
在建工程		年度净利	
固定资产合计		所有者权益合计	
资产总计		负债和所有者权益总计	

附录 E　实验报告模板

实 验 报 告

课程＿＿＿＿＿＿＿＿＿＿＿＿

院　　系＿＿＿＿＿＿＿＿＿＿＿＿

专　　业＿＿＿＿＿＿＿＿＿＿＿＿

班　　级＿＿＿＿＿＿＿＿＿＿＿＿

学　　号＿＿＿＿＿＿＿＿＿＿＿＿

姓　　名＿＿＿＿＿＿＿＿＿＿＿＿

小 组 号＿＿＿＿＿＿＿＿＿＿＿＿

指导教师＿＿＿＿＿＿＿＿＿＿＿＿

20　　年　　月　　日

实验名称	企业沙盘推演（初级）
实验类别	基础□　　专业基础□　　专业□　　　　其他□
实验类型	演示型□　　验证型□　　综合型□　　设计研究型□　　创新型□
实验课时	课时
实验要求	必做□　　　　　　　　选做□
实验时间	年　月　日　～　日
实验地点	
小组成员	
实验成绩	第 6 年年末所有者权益：　　　　　　第 6 年年末排名：
实验目的	
实验设备	
实验内容	

实验要求：

一、经营规则（2张）

二、预测表（1张）

三、小组总结

1. 企业岗位设置

2. 市场预测分析

3. 企业经营战略

4. 六年经营过程（战略执行情况）

5. 经营分析

◆ 广告总额折线图或柱状图

◆ 所有者权益折线图或柱状图

◆ 长期贷款折线图或柱状图

◆ 短期贷款折线图或柱状图

◆ 产能折线图或柱状图

◆ 销售额折线图或柱状图

◆ 净利润折线图或柱状图

6. 经营体验（得与失，不低于2000字，可分岗位写作）

四、经营盘面记录

五、销售订单明细

六、生产表（1张）

七、采购表（1张）

八、财务预算表（6张）

九、财务报表（6张）

十、经营现场照片

十一、组员互评

1. 请评价你的组员在经营过程中的表现。

2. 按100%计，请分配你及小组成员的贡献率（画出饼图），注明组员姓名及对应的贡献率。